美国刑事司法制度

〔美〕罗斯科·庞德 著

黄涛 译

刘艺工 校

商务印书馆
创于1897 The Commercial Press

Roscoe Pound
CRIMINAL JUSTICE IN AMERICA

根据美国 Henry Holt 出版社 1930 年版译出

译者序言

罗斯科·庞德(Roscoe Pound),1870 年 10 月 27 日出生于内布拉斯加州林肯市,1964 年 6 月 30 日病逝于美国马萨诸塞州剑桥市,享年 93 岁。庞德是美国著名法学家、教育家、“社会学法学”运动奠基人与美国法律现实主义运动的早期代表人物。父亲斯蒂芬·B. 庞德(Stephen B. Pound),曾做过律师和法官,正是由于父亲的这种职业背景赋予了庞德最早的法律启蒙。庞德在内布拉斯加大学学习植物学,分别于 1888 年和 1889 年获得学士和硕士学位。1889 年,他到哈佛大学法学院学习法律。1890 年转到西北大学法学院,并在那里获得法律学位。他返回内布拉斯加州从事律师工作并转而担任该州最高法院助理法官,同时继续他的植物学研究。1898 年,他在内布拉斯加大学获得了植物学博士学位。1903 年,庞德担任内布拉斯加大学法学院院长。1910 年,他开始在哈佛大学法学院任教,并于 1916 年成为哈佛大学法学院第四任院长。在庞德担任院长的此后 20 年,也是哈佛法学院发展史上的黄金时期。此后,庞德先后担任加州大学洛杉矶分校法学教授和印度加尔各答大学泰戈尔讲座法学教授。罗斯科·庞德同中国也具有很深的渊源。1946 年 7 月,庞德受邀来中国担任国民党政府教育部和司法行政部顾问,这是近代中国聘任的最后一位外国法律顾问。在考察完当时中国法制状况后,庞德提出了一系列改革建议,其中包括:中国应该保持原有的大陆法系的模式而不应盲目采用英美法系的模式;应该通过统一法律教育和法律著述,培养中国法律人的法律适用能力,使得制定良好的中国法典成为真正规范中国人民生活的法律。当然,由于种种原因,这些改革建议仅仅停留在纸面上,并未得到真正的实施。

作为"社会学法学"运动的奠基人,庞德着重从社会学的角度对"法"这种现象进行分析,从而给法学研究提供了一种全新的思维模式。这种思维模式在《美国刑事司法制度》一书中也有所体现。作为美国法律现实主义运动的早期代表人物,庞德主张更加实用地并依据公共利益来解释法律,并侧重于实际发生的法律过程,反对当时美国法学界盛行的法律实证主义。他有力地批判了当时美国最高法院以洛克纳诉纽约州(*Lochner v New York*,1905)案为代表的有关"合同自由"的判例。但随着时间的推移,庞德成为法律现实主义运动最著名的反对者,并在其晚年致力于对该运动的批判。庞德具有极其出众的语言天赋与渊源知识。除英文外,他还精通法文、德文、意大利文、西班牙文、梵文、希腊文、拉丁文和希伯来文。另外,他对中文和俄文的研究也颇有造诣。正因为如此,庞德在演讲或者著述时,旁征博引,被人们誉为"两脚书橱"。这也在《美国刑事司法制度》一书中表现得淋漓尽致。

庞德主张摈弃形式主义,采用实用主义方式,运用社会工程学观点对法律制度进行研究。《美国刑事司法制度》正是这一观点的体现。该书是以庞德的历史与理论作品为基础的,同时也是建立在克利夫兰市刑事司法现状调查材料基础之上。《美国刑事司法制度》通过采用实用主义方式,运用社会工程学观点对美国刑事司法制度进行了深入研究,这也直观体现着罗斯科·庞德与众不同的研究特色。

《美国刑事司法制度》由五篇具有内在一致性的经典演讲组成,这些演讲是庞德于1923年发表的,代表着庞德的法哲学思想。这五篇演讲依次是《刑事司法制度存在的问题》《刑事司法面临的种种困难》《美国对英国刑事司法制度的继承》《19世纪美国刑事司法制度》与《当代刑事司法制度》。《美国刑事司法制度》的大体内容可从以下六个方面进行管窥:(一)关于困扰刑事司法的种种问题。这些问题包括:过度繁琐的诉讼程序;对法律表示怀疑与猜忌的拓荒者;足智多谋的专家证人;训诫措施缺位的律师协会;舆论的压力及审判所承受的压力;诉讼当事人将特定案件转化为审判表演的趋势。(二)刑事司法制度必须与时俱进。刑事司法制度在保持稳定的同时,也必须适应时代变化,否则刑事司法制度不是陷入僵化境地就是屈服于以舆论为化身的最高权威之下。(三)法与社会变化必须同步,即法律必须符合社会现实。当法与社会变化不同步时,法学便会面临着种种风险。当家庭、社区及宗教不能发挥控制社会的作用时,越来越多的矛盾开始出现,法律数量与日俱增,伴随技术、毒品及青少年犯罪而来的风险层出不穷。(四)关于刑事法律面临困难的原因。除律师、法院及国民是导致刑事法律陷入困境的原因外,庞德还认为社会机制也是重要原因。在他看来,整个社会机制是面向结构较为简单并处于拓荒时期的农业社会而设计的,不适用于多元化与互相影响的工业社会。(五)刑事司法存在问题的原因,这里有三个主要原因:第一个原因是刑事司法采用了拘泥僵化的无意识方式;第二个原因是刑事司法制度只有在迫于国民舆情压力的情况下才发生变革。第三个原因是刑事司法是建立在“竞技主义司法论”基础之上的。(六)刑事司法改良。刑事司法改良应牢记三个重要目标,即预防性刑事司法、针对罪犯的个别化处遇与在权衡普遍安全与个体生活过程中重新调整公认的法律理想。

庞德在《美国刑事司法制度》一书中所表达的内容与法制史尤其是与普通法传统相吻合,同时也体现了他对法哲学的分析及他对待法律与道德关系的立场。在该书中,罗斯科·庞德对美国刑事司法制度进行了批判,这与 20 世纪 90 年代有人对此所作出的批判完全一致。在某种意义上,这本书也可视为批判萨科与范泽蒂案(trial of Nicola Sacco and Bartolomo Vanzetti,1921)背后刑事司法的一部作品。尽管时至今日,一系列的程序保护措施得以实施,但是人们至今仍可能面对庞德在 20 世纪 20 年代同样面对的问题。这也使得本书时至今日仍具有较高的参考价值。另外,在这部著作中,庞德提出许多迄今仍具有影响力的观点,对于生活在 21 世纪研究刑事司法制度的人来说,这些观点至今依然没有过时。

这部著作虽然是由五篇独立的演讲稿组成,但它的文字优美,措辞严谨,逻辑严密,几乎像一部完整的文学作品。庞德使用的一些基本概念,有时涵义十分深奥,也为正确理解他的思想带来不少困难,在翻译过程中对其中深奥之处不得不反复进行推敲。然而,译者无论在文字功底上还是在法学水平上,都远远不敢与这位享誉世界的法学思想家相比。因此,误译之处在所难免,尚请专家和读者不吝赐教。

在此译者首先衷心感谢学术研究生涯中的各位老师，对于各位老师为译者在学术道路上的成长所付出的一切，译者没齿难忘；其次，特别感谢本人博士生导师王敏远老师（现任职于浙江大学光华法学院）对于本书翻译的鼓励与支持；特别感谢本人硕士生导师刘艺工老师（现任职于大连理工大学）对于本书校订工作所付出的艰辛劳动。最后，译者还要向负责此书的商务印书馆编辑高媛博士和积极引荐本书的编辑王兰萍女士，表示由衷的感谢。

黄　涛

2018 年 10 月 20 日

献给

西奥多·弗朗西斯·格林

(Theodore Francis Green)

目　录

前　言

本书所收录的这几篇演讲，是根据 1923 年演讲时所使用的笔记整理而成。之后的这几年里发生了很多事，据本人所知，这些演讲的主要背景或重要细节的主要情况并没有发生重大变化。演讲中还偶尔插入了一些后来所发生的事件作为参考，除了这些个别的例外，这些演讲是基于所处的时代，也代表着本人在那时的思想与言论。这些谨小慎微的做法似乎只是权宜之计，唯恐现在有人要求本人对其进行更深入的研究。

罗斯科·庞德于华盛顿

1929 年 11 月 7 日

3 I　刑事司法制度存在的问题

刑事司法在社会控制中的地位

探讨此类问题的途径之一就是依据社会工程学进行研究，社会工程学是鄙人冒昧命名的，它将法律对社会的调整视为实现人类欲望并消除冲突与浪费的实践过程。如果人们愿意，也可以说，本着维系和推进文明的目的，这个过程是必须的。然而，社会控制的直接任务是（在所有的社会控制手段中，法律仅仅是其中的一项）调整或化解矛盾，使人类欲望与由其而衍生的主张趋于一致。

按照这样的观点，法的最终目标是调整或化解矛盾以及相互重叠的欲望与主张，目的是尽可能以最小的牺牲获取最大的收益，这与其他所有社会控制手段的最终目标相同。法律秩序是通过政治组织社会的有序运行实现的社会控制的一部分。法律是由诸多律令构成的体系，是由诸多规则与诸多律令运用技术之传统构成的体系，是用以创设、补充与发展律令为目的并已得到认可的理想体系。正因为如此，法律才得以继续承担着分配给它的那部分社会控制任务。法律权威直接建立在有组织社会的权力基础之上。
4 然而，在此类权力的背后是与文明社会生活所涉及的种种欲望与主张所导致的压力，如果文明社会要维系自身存在的话，这些欲望与主张必须要尽可能地予以满足。在文明社会中，法律最终要建立在与生活条件相一致的基础上。

因此，如今的法学家是从心理学层面而不是形而上学层面对法律进行探讨的。他们所思考的法的范围与本质问题是基于文明社会中具体个人的欲望与主张的立场，而不是基于抽象个体的抽象性质立场，也不是基于抽象个体的自由意志的逻辑蕴涵立场。他们认为欲望或主张分别涉及个体生活、一定社会政治组织的存在与运转，以及其中的全部社会生活。他们认为，律令是凭借经验制定的，是在审判与纠错的司法程序中发现的，是在法学研究的基础上创设的，抑或是立法者凭借聪明才智创造性地制定的。一个政治组织社会只有在实现系统有序的社会控制情况下，这些欲望才能得以最大程度地调整与实现，或者说主张也将保证取得预期的结果。

在社会控制的全部任务中，法律仅仅承担其中的部分；在法律所承担的全部任务中，刑事法律也仅仅只是承担其中的部分。一直以来，家族始终是一种最为重要的社会控制手段，它凭借内部训诫措施及家族成员对个别成员所施加的舆论压力以实现对社会的控制。同样，宗教团体、兄弟会、社交俱乐部、行业协会、贸易协会 5
及类似组织，均通过各自内部训诫措施去调整各自成员的行为以及约束他们不得从事反社会的行径。在过去，这些组织凭借对其所属成员施加舆论压力的方式，在文明社会的维系方面发挥着至关重要的作用。目前，种种迹象表明，作为社会控制手段的此类组织正在重新发挥着作用，并且这种作用的重要性正在日益提高。然而几百年来，诸如此类的组织日益沦为法律的附庸，并作为法律补充的形式发挥着作用。作为一种调整工具而言，这种状态几乎可以说是达到了一种专门依靠暴力才能取得的效果。最低限度的自助行为只有在极为罕见的少数情形下才被勉强予以认可。即使有组织地将大家的意见对特定个人施加影响的做法（即“联合抵制”的意思），也要接受满怀戒备之心的法律对此所进行的细致审查。这有可能导致赔偿责任的产生，或者通过禁制令[①]的形式被叫停，除非它依据法律对其成员的合法利益进行保护。

从某种程度上说，假如人们列出具体主张的清单的话，这在强迫法律予以满足的同时，也要求法律对予以认可并尽力保护的主张作出相应的分类。这些主张恰好可以分为三种类型：个人利益、公共利益与社会利益。这里的个人利益，指的是单一个体所提出
6 的主张或要求，就其本身而言，这些主张或要求被视为与个人具有直接关系。法律只有通过一般性律令才能发挥作用，这些利益只有经过法律归纳后才能得到认可并被予以保护。个人利益是根据个体生活而归纳的种种主张或要求。公共利益是个人以政治组织社会的名义或代表政治组织社会而明确肯定的主张，这是事实。公共利益是经过归纳政治生活而形成的种种要求。这些要求被视为作为法律实体的政治组织社会的主张将更为合适。当单一个体的主张或要求被视为与社会生活有关或者经过归纳的社会集团主张时，这就是社会利益。从这个立场出发进行归纳的话，社会利益即是与社会的维系、活动与运行相关的主张。就这点而论，将社会

① 法院签发的要求当事人做某事或某行为或者禁止其做某事或某行为的命令。［本书注释均为译者注］

利益视为整个社会集团的主张更为合适。总而言之，社会利益可以表述为：普遍安全、社会制度安全、一般道德、资源保护、全面进步与个体生活。

在社会利益发展的任何阶段，人们应将以社会集团名义确认的或者通过归纳社会生活而形成的主张或要求放在首位，目的是防范那些对社会存在构成威胁的各类行为或者行为方式。最重要的主张可以被称为与普遍安全相关的社会利益。它拥有多种形式，与国民生命安全相关的利益是其最简单的形式，如果用一句公认已久
的法律箴言进行表达的话，就是“人民的安全是最高法律”。不难理 7
解，如果传染病的性质与原因已经查明，那么它就是与国民健康相关的利益，是社会利益的另一种形式。社会利益还有第三种形式，即与治安秩序与公共秩序相关的利益。在经济发达的社会中，它又表现为关系密切的两种形式：并购安全利益与交易安全利益。

人们主张通过社会制度的途径实现普遍安全。因此，人们可以将社会制度安全利益放在第二位。这些文明社会生活所涉及的主张或要求可以表述为文明社会中的各项基本制度应当受到保护，使其远离威胁其存在或有损其机能有效运行的各类行为或者行为方式。这种利益具有四种类型：国内各项制度安全方面的利益、宗教制度安全方面的利益、政治制度安全方面的利益与经济制度安全方面的利益。在法律发展的早期历史阶段，第一种类型的利益与第二种类型的利益占据着最重要的地位。在法律发展的当前阶段，占据着最重要的地位的是第一种类型的利益与第三种类型的利益。最近，第四种类型的利益迫切要求被予以认可。

最后，为防止那些暗中破坏善良道德风俗或者冒犯全体社会

成员道德感的行为或行为方式的发生，人们可以提出各种与文明
8 社会生活密切相关的主张或要求。这可以被称为“与一般道德相关的社会利益”。这是一种用以维护被共同体所公认的、作为一种社会机制的伦理习俗的利益。根据普通法的规定，侵犯这种利益的行为构成轻罪①。

另一种重要的社会利益涉及与文明社会生活相关的主张或要求，这种社会利益就是不应浪费现有资源。鉴于人类欲望的无穷性与用于满足人类欲望的自然资源的有限性，人类的主张或要求不可能得到全部满足。其中一种主张即是应当对损毁自然资源的不必要行为或行为方式加以约束。这可以将其称为与社会资源保护相关的社会利益。

所谓“与全面进步相关的社会利益”是指与社会生活所涉及的主张或要求，即本着满足人类需求的目的，人类自身能力及人类对自然的支配力应不断取得进步。这是一个标准不断提高与自身不断完善的要求，鄙人已经将其命名为社会工程学。在某种程度上，这是群体对发展程度更高与更全面的人类能力的自我肯定。其消极的一面是，它呼吁人们完全不要干预负有发展经济、推进政治或发展文化等职能机构的工作。

最后是与个体生活相关的社会利益，它也可被称为与个人道德生活与个人社会生活相关的社会利益，或者说与单一个体生活相关的社会利益。它提出如下主张或者要求：如果一个人的全部

---

① 在美国，轻罪（misdemeanor）一般指那些被处以罚金、没收财产等刑罚的犯罪或在地方看守所被判处一年以下监禁刑的犯罪。

欲望无法得到满足的话，应尽可能合理地满足其部分欲望，使其至
少达到最低限度的人类生活水平。普通法或者制定法已经认可了 9
这种利益的三种类型：第一种是个人对肉体、精神与金钱等自我肯定的自由相关的社会利益。第二种可称为与个人机遇相关的社会利益。这种社会生活所涉及的主张或要求所有人应当拥有公平机遇的权利，具体包括政治机遇、物质机遇、社交机遇与经济机遇。第三种与个体生活相关的社会利益主张在特定时空的生活环境下，应保证每个人至少拥有最低限度的人类生活条件。

以上只是大致勾勒出社会利益的轮廓，这些社会利益已经被现代意义上的法律予以认可或者即将予以认可。这些主张不仅经常转化为其他的主张，而且它们经常重叠或发生冲突。根据存在的明确联系或者与其他主张进行权衡的立场，某一具体个人的主张可能经常指前面提到的一种以上的社会利益。如果从功能角度进行审视的话，社会通过法律对自身进行调整，这是满足、协调或者调整这些相互重叠或经常产生冲突的主张或要求的尝试。这些尝试包括通过对这些主张或要求予以直接即时保护的方式，或者通过保护某些人利益的方式，抑或是通过对某些个人利益作出妥协或划定界限的方式，目的是使保护社会利益的整体方案尽可能最大程度地发挥效用，或者在实现文明社会中最重要利益的同时
为社会整体利益而作出的牺牲降到最低程度。为此，法律挑选出 10
某些已经得到法律认可并尽力加以保护的主张。在参照其他利益的基础上，法律对这些主张进行了界定。为保护这些主张，法律还构建了一套包括权利、义务、责任、权力与免责特权在内的机制。此外，为使这套机制能够有效运行，法律还构建了一套实施机制。

因此，在考虑任何一种利益时，法律必须限定其实际范围。在对所有相互冲突利益进行比较的基础上，法律必须赋予其某种价值，厘清其依靠法律机制发挥效用的程度，并设计适合其发挥效用的机制。

对于此类社会利益的保护被直接视为刑事法律的职责。换言之，这些社会利益是从个人直接利益中分离出来的，与这些个人利益可能是一致的。现代法律制度是这些利益能够得到即时保护的主要保证，这种强加的负担就是奥斯丁[①]所说的绝对义务。在个人没有被赋予任何相应或对等法定权利的情况下，法律将履行特定行为的义务、抑或是不得从事某种行为或者采用某种行为方式的义务强加于个人身上。为强制履行此类义务，法律针对需要定罪量刑的案件规定了刑事诉讼与刑罚后果。结果，除法律在保护这些利益时所涉及的一般问题外，刑事法律还将面临自身特有的问题。刑事法律必须规定绝对义务的概念，其目的是在涉及的所有相互冲突的社会利益之间维持一种公平可行的平衡状态。刑事
11 法律必须保护普遍安全及个体生活免受刑事诉讼程序的滥用之害，与此同时还要保证刑事诉讼程序在保护社会利益的整体方案过程中要尽可能地发挥出有效作用。刑事法律必须设计出包括具有惩罚功能与预防功能在内的有效执行体制。同时，刑事法律也应保证与个体生活相关利益的正常实现。

① 约翰·奥斯丁(John Austin)，英国著名法学家，分析法学派创始人之一，享有“现代英国法理学之父”之盛誉。他曾先后从事过律师、大学教授等工作。他的学说在整个 19 世纪英国法学中占有统治地位，并成为西方法学 19 世纪三大派别之一。其代表作品有《法理学范围》与《法理学讲义》。

人们关于法律得不到尊重、实施以及此类抱怨与当代刑事司法制度之间的联系

在18世纪末与19世纪，人们最为关心个体生活，强调对干涉个人自由的行为加以限制，强调加强对地方法官行为的制约以防止其肆意裁断。现在人们则更为关心普遍安全与执行体制的工作效率。事实上，本世纪[①]见证了世界各地的人们重新对刑事法律的兴趣日渐浓厚。在英国，两套有关著名刑事审判案例的丛书已经出版，与犯罪与罪犯相关的文学作品也日渐增多。在美国，刑事法与犯罪学研究所调查了许多地方的刑事司法制度。全国守法与执法委员会、全国犯罪预防委员会及许多诸如州委员会与地方委员会等类似机构一直持续关注美国律师协会所运用的刑事法律， 12
以及数量不断增长的与犯罪、罪犯与犯罪制裁题材相关的文学作品——所有这一切均讲述了同样的故事。对于欧洲大陆而言，人们可以修改刑法典或者制定新法典等研究项目、比较刑事法律研究、与刑事法律相关题材的相关文学作品数量增长的类似现象为例加以证明。在美国，尤其是自战争结束以来，除特殊原因外，刑事法律及其实施就一直受到人们的格外关注。作为法律调整社会方式的组成部分，刑事法律在世界范围内的运行状况更加引起了全世界的关注。

随着人们对各个时期的刑事司法制度重新产生兴趣并且这种

① 20世纪。

兴趣日渐浓厚的情况下，关于法律得不到尊重及刑事法律领域相关的律令得不到实施的抱怨声此起彼伏。在这一点上，美国也是如此。这种现象司空见惯，毫无新意可言。关于法律得不到实施的抱怨几乎肇始于法律产生之日，从一开始，抱怨声在这个国家中就一直不绝于耳。一个人可能最容易认可的是以下两种现象：人们对法律约束措施表示难以忍受；关于法律得不到实施的抱怨声在某些时候比其他时候要尖锐得多。这两种现象均给此时的美国留下了比较明显的烙印，人们对于这一点应该不难理解。在一代人的时间中，社会控制的背景发生了意义深远的变化，所有的社会控制手段均必须加以调整。每个人的欲望或主张与其同侪的欲望或主张发生冲突或相互重叠的地方在数量上猛增。同样，前所未有的并对普遍安全构成严重威胁的行为大量出现。结果，有关约束个人行为和调节个人关系的法律规范数量也正在以闻所未闻的
13 速度增加。国家经济一体化的前进步伐如此神速，所涉及的领域如此全面，以至于美国行政体制变得难以胜任其职，各种陌生的行政手段也不断涌现出来，同时，针对这些手段的管辖权限、裁判方式及审查模式仍在摸索过程中。如果不考虑其他情况的话，对于每一位公民来说，要彻底了解这些用以支配其行为并且数量繁多的刑事制裁规则，或者评估这些规则背后的制定理由，都是一件棘手的事情。乍一看，许多针对人们自发行为的必要限制措施似乎是武断专横，甚至是多此一举。此外，在一个民风较为淳朴的社会中，人们成立了执行机构，借助这些机构寻求使数量繁多的刑事制裁规则生效的途径。在这样的社会中，具有强制执行力的律令数量要少得多，律令本身也较为简单，所面对的情形也较为简单，基

层司法官员或陪审员也较为乐意接受那些自己所熟悉，同时刑事诉讼整体进程所涉及的事实。

在美国19世纪的政治体制中，家庭是人们的主要支柱，而家族则是一个社会单位、经济单位与法律单位。家法族规是获得法律认可的一种现实存在，除极端情况外，人们如果将本应由家族解决的纠纷强行交由法院解决等诸如此类的做法一般是不能容忍的，这也与已制定的法律政策相互矛盾。与此相类似，邻里舆论依然发挥着作用。虽然自中世纪以来，邻里不再是一个法律单位，但 14
它仍然是一个社交单位与经济单位，每一户街坊邻居所承受的压力仍然十分强大，其中，最为重要的当属有组织的宗教，宗教是人数众多且结构严谨的团体。宗教教育在全球范围内几乎都差不多，教会本身以及教会关于行善止恶的主张对每一个人施加了压力。显而易见，对于生活在当前工业社会城市中的人们而言，这些压力的影响力要小得多。家族不再是一个经济单位；作为法律单位，家族也只不过保留着某些痕迹。就子女悖逆父母的法律诉讼程序而言，相关法律政策发生了重大变化。家法族规也逐渐松弛，几乎达到不复存在的地步。邻里也不再是一个经济单位。日复一日，数量庞大的人们都在进进出出商业中心城市，在某个地方与一伙朋友具有经济往来，在其他地方与另一伙朋友参与社交活动。每个人并不一定非要同他的街坊邻居发生日常联系。住在公寓内的居民很有可能不为人所认识，这不像以前农村居民都难免被其他人所知晓。于是，人们必须要更多地依赖于法律与警察；在以前，人们则更多地依赖于邻里舆论。至于有组织的宗教，它的影响力正在日益弱化，这更是一个显而易见的事实。

社会控制背景发生了全面变化，导致这些变化的许多原因很
15 容易被归咎于刑事司法的无效。然而，这仅仅意味着它应承担全部的社会控制任务。在从前，这些任务由它与其他手段共同承担。并不是每一个理由都引发刑事司法的启动，只有在具有特定理由的情况下，刑事司法才得以发动。

随着刑事司法制度背景的变化，人与人之间的接触点的成倍增多，以及人与人之间利益冲突的日益频繁均是伴随着城市生活与工业社会而出现的现象，这些现象也相应地导致了法律在数量上的快速增长。罗德岛州就是一个非常恰当的例子。相对而言，罗德岛州的刑事制定法并不是很多。《加利福尼亚州刑事法典》共计 1616 款，涵盖了《1923 年罗德岛州普通法典》第 39 篇、第 40 篇、第 41 篇的内容，而《1923 年罗德岛州普通法典》这三篇的法条仅为 657 款。《伊利诺伊州成文法典》的最新版本由四卷构成，每一卷法条的数量相当于《1923 年罗德岛州普通法典》法条数量的总和。《密苏里州成文法典》的最新版本由六卷构成；《俄亥俄州成文法典》的最新版本由七卷构成；《纽约州成文法典》的最新版本竟然有八卷之多；《密苏里州成文法典》的条款总数是（或者说至少最近是）13672 条。在密歇根州，这个数字是（或者说至少接近是）15532 条。在俄亥俄州，这个数字是（或者说至少最近是）15367 条。《1923 年罗德岛州普通法典》的条款数量则是 6768 条，故罗德岛州是一个保守的例子。以该州为例可以很好说明美国所经历的一切，通过对该州在一百年前、五十年前与当前刑事制定法状况的比较，可以从中揭示出许多道理。

16 根据《1822 年罗德岛州修订公法决议》的规定，《刑事法律改

革法令》规定了 50 种罪名。在《1872 年罗德岛州普通法典》中，题为“犯罪与刑罚”的第 30 编规定了 128 种罪名。在《1923 年罗德岛州普通法典》中，题为“犯罪与刑罚”的第 39 编则规定了 212 种罪名。因此，就“犯罪与刑罚”编所规定的可罚性犯罪数量而言，现今的罪名是一百年前罪名的四倍多；就本编而言，在五十年里，罪名的数量增长了百分之六十，但这仅仅是冰山一角。现在，“犯罪与刑罚”编已废除了一半的犯罪，这些犯罪本可能由州政府提起诉讼，并可能被判处罚金刑、监禁刑或者同时适用这两种刑罚。与《1872 年罗德岛州普通法典》相比，《1923 年罗德岛州普通法典》新增了一编，即题为“关于生产与工业”的第 10 编。这一编的每一章节均包含被判处一种以上刑罚的犯罪，这些犯罪将由州政府予以起诉。对处在相对不同于从前形势之下的美国刑事司法制度而言，这具有非常重要的意义。这些章节包括：第 85 章“关于工厂监管的规定”、第 89 章“关于工厂卫生住宿条件的规定”、第 92 章“关于员工在雇佣期间因伤报酬支付及预防受伤措施的规定”、第 93 章“关于在建楼过程中雇员保护的规定”、第 94 章“关于蒸汽锅炉建设监管与安装标准的规定”。

另外，在《1872 年罗德岛州普通法典》中，题为“关于国内治 17
安”的第 14 编共包括 20 章的内容。《1923 年罗德岛州普通法典》将这一编扩展为三编：即第 15 编“关于国内治安”、第 16 编“关于公共卫生”与第 17 编“关于免受火灾的保护措施”。现今，原“关于国内治安”编共包括 34 章的内容；最近修改过的第 16 编与第 17 编分别由 18 章的内容与 7 章的内容构成。故仅仅就此而论，“关于国内治安”编总共由 59 章的内容构成；而在五十年前，该编仅包括20章的内容。这些新增加的章节规定了《1872年罗德岛州普通法典》中根本不存在的54种新罪名。相对于《1872年罗德岛州普通法典》而言,《1923年罗德岛州普通法典》还规定了其他具有深远影响的章节内容。这些章节包括:第98章“关于汽车及其运行的相关规定”、第127章“关于严格实施禁止在饮料中添加有毒液体的规定”、第273章“关于管制证券买卖的规定”、第311章“关于销售大宗商品的规定”、第315章“关于与仓单相关刑事犯罪的规定”与第320章“关于与提单相关刑事犯罪的规定”。虽然这些章节所规定的最新犯罪还远远无法达到穷尽一切犯罪的地步,但是所有这些被考虑在内的话,便足以说明罗德岛州可以起诉的罪名数量在五十年内翻了一番还要多,在一百年内增加了八倍。

应当指出的非常重要一点是,对普遍安全产生威胁的行为数量正在迅速地增长,人们凭借现有的经验还远远不能对此加以应
18 对,普通公民也经常不具备足够的能力去评估它们与当前社会生活之间的关系。在一百年的时间内,铁路时代的来临改造了——这几乎可以称得上是制定——有关民事损害赔偿的现代法律。当这些法律根据相关铁路交通状况被合理地加以调整时,以此作为参照对象而制定的律令也必须适用于电动车与有轨电车。然后,在不到一代人的时间里,机动车也出现了。对于民事法律与刑事法律而言,汽车的面世掀开了新的篇章,同时也正改变着其他的法律领域。事实上,机动车的普遍应用正影响着有利于犯罪发生的条件,增加了预防与侦查犯罪的难度,妨碍着惩罚性司法的运行。

刑事法律除承担因机动车的发明与推广而强加于自身的新任务外,还要承担因花样不断翻新的成瘾毒品及其在人口拥挤的都

市生活条件下的日益滥用而强加于自身的新任务。人们必须将当前美国城市中因劳工生存条件改变而产生的劳资纠纷考虑在内，必须将大城市中青少年犯罪状况考虑在内，这使得在美国司法体制中增加了一种新型法院，在刑罚执行机制中增添了一个前所未有的行政机关。人们必须注意生活条件的变化，因为它要求在家庭关系法院①中再设立一个与众不同的法庭。如今，它在不止一
个城市中已经建立。人们必须牢记各种最新出现的娱乐方式。以 19
电影剧场为例，它对一般道德并间接对普遍安全具有不止一种威胁的可能性，甚至还可能对生命产生新的风险，比如就易燃的胶片而言，情况便是如此。人们必须认真思考那些对员工具有风险的新兴行业，尤其是那些雇佣员工数量庞大的行业。数量可观的工厂员工日复一日地被召集在一起，在极度不卫生的环境中工作。火灾使得拥挤在娱乐、工业建筑或住宅中的人们进一步面临着失去生命的可能性。在人口拥挤的城市社会中，许多行业存在发生重大危险的条件，大量对此懵懂无知并且没有任何生活经验的人们将沦为受害者。人们不可能保证食物的新鲜程度或药品的纯度，也不可能消除因掺假而引发的风险。如果这些发生在现在的话，唯一可以求助的法律是民事法律，以导致购买者受到伤害为由让商贩承担民事赔偿责任。在当时条件下，所有这些问题以及比这些还要多的问题对于普遍安全均构成严重威胁，每一位普通公

① 在美国，家庭关系法院主要管辖与婚姻状况、扶养费、离婚、子女监护等家事问题相关的案件。在美国的一些大城市中，只有当拥有一般管辖权的初审法院无力审理所有家事案件的情况下，此类法院才被允许设置。在某些州中，家庭关系法院则与少年法院共同构成家事法院。

民凭借其日常经验不愿意或者不可能对其进行评估，直到性质严重或大规模灾难的发生才促使整个社会良知发现而付诸行动。人们在对这些不当行为的处置上存在着懈怠，而懈怠的理由是因为这些不当行为不为人所熟悉或者是社会生活中相对陌生的事实。在这种常态化的情况下，人们几乎不可能说服行政官员或公民个人在将来有可能担任原告或公诉人，使其承担控诉违法个人的任
20 务，这是一个费力不讨好的差事。现实中更为真实的情况是，在运用类似律令加以处理的其他大量违法案件中，诉讼程序必须从中加以选定，因为这项工作逼迫着承担这个任务的人不得不付出同样的精力或至少以无法在同样的时间内完成其他工作为代价。

导致目前美国刑事司法复杂化的另一个因素是在最近一代人的时间内城市人口的不断增长，这种情况是前所未有的。纽约市的人口在一百年内增长了四十六倍，在五十年内增长了六倍，在二十年内几乎增长了四倍。1820 年的纽约只不过是一个大城镇，在 1870 年的时候人口还不到一百万；1890 年，纽约人口已达到一百五十万；1900 年，纽约人口几乎接近三百五十万；1920 年，纽约人口已超过五百五十万。再以芝加哥市为例，1820 年，芝加哥尚未存在。芝加哥的人口(1920 年时，芝加哥则拥有二百七十万的人口)在五十年内增长了九倍。1820 年的克利夫兰仅是一个居民不足千人的村庄，在 1920 年的时候其人口已接近八十万，在五十年内增长了八倍多。1920 年，底特律人口在五十年内增长了十三倍，在三十年内增长了五倍，在二十年内增长了四倍。目前，底特律拥有超过一百万的居民。洛杉矶的人口在五十年内增长了一百

倍，在三十年内几乎增长了十二倍，在二十年内几乎增长了六倍。
洛杉矶现拥有的居民超过五十七万零八千人。而一百年前的洛杉 21
矶仅仅驻扎着一个负责对印第安人进行传教的使团。从 1880 年到 1890 年的这十年内，美国新增加的人口开始向大城市集中。在过去的五十年中，美国的人口由三千八百万增加到一亿两千万，并且人口增长的现象发生在美国许多大城市中。其中，这种变化在十九个大城市中最为明显。在这十九个大城市中，每一个城市在 1880 年都拥有超过二十万的人口。从那时起，这十九个城市中的许多城市迅速发展并最终成为大型城市。截止到 1920 年，超过一半的美国人口生活在城市之中。

在 1880 年并且主要在 1890 年以前，美国人口的飞速增长要归功于新拓居地的不断推进与新地区的不断开发。在美国政治体制创建之初，这些地方的人口还主要是以从事农业为主的拓荒者①。这种发展趋势是一个不断重复与周而复始的过程，并且一直持续到上一代人的年代。随后，社会发展便进入一个新的时代，城市中的居住人口越来越拥挤。美国社会还是一个以从事农业为主并处于拓荒时期的乡村社会，而美国法律制度必须在当代继续发挥作用，这个转型期最明显的标志是人们普遍对刑事法律的适用状况怨声载道，这种现象的出现并不是偶然的。以上就是当时的时代背景。

---

① 早在美洲殖民地时期，有些人出于对经济现状的不满，加上对自由的渴望，便举家向西部荒芜的地方迁移。最后，有些人在人口稀少的边远乡镇定居下来，有些人则在瀑布线与山麓地区定居下来，而后来的拓荒者则继续向西迁移至俄亥俄地区和密西西比河流域等边远地区。在这个意义上，拓荒者又被称为边疆居民。

随着大城市数量的倍增，人口也随之呈现出多元化的态势。
22 在1900年，三分之一的芝加哥人口出生在国外；在一百七十万人口中，有一百万人所使用的语言不是英语。在1920年，芝加哥拥有十万九千名黑人。在同年的底特律，其人口的百分之七十出生在境外三十四个国家。在同年纽约市五百六十二万的人口中，有一百九十八万九千的居民出生于外国，其中黑人数量是十五万三千人。换言之，法律制度在18世纪后半叶及19世纪前数十载的时间里设计出了一种乡村社会，它是以同一种族的构成作为前提的。现在这种类型的社会不再具有支配性地位，风光不再。与此同时，一种全新的社会类型正在兴起，而美国法律制度对此毫无应对经验。在这种社会中，犯罪的特点与环境均与以前不同，执行机构、警察机关、裁判机关及刑罚制度所面对的各种要求也迥然不同，虽然有人专门负责规划美国法发展，美国刑事法及刑事诉讼程序的具体制定及公布等事宜，但以上这些情况是这些人以前从未经历过的。

以上这三个方面，尤其是从以农业为主的乡村社会向以工业为主的城市社会的转变从根本上影响着美国刑事司法制度。首先，在城市中，人们的居住状况拥挤不堪，花样不断翻新的各种行为对普遍安全构成威胁，这些均需要不断地制定法律规范加以应对。而在数量上迅速增长的法律规范直接关系到行动中的法的效力，这种效力是人们主要的依赖支柱。法律规则自身并不具有强制执行力，它们在行动中具有强制执行力，这与它们在书本中的理
23 论影响力迥然不同。一个原因是它们得到了社会心理效应的保障；另一个原因是制定它们的权力机关也得到了社会心理影响力

的支持。正因为如此，这些权力机关具有赋予法律规则效力的地位，而作为行动的目的并可以置各种对抗的个人目的于不顾。传统意义上的法律规范与成文法规则均一直达不到人们对它们所寄予的厚望，主要原因是它们缺乏社会心理影响力的保障。一条规则可能与大多数人或统治阶级的个人利益背道而驰，另一条规则可能与个人或者少数顽固派的道德理念截然相反。而另一种情形是，它可能不会涉及每个人目前的想法或主张，社会中的大多数人也可能对此漠不关心。美国城市或工业社会的现实状况要求通过社会立法[①]应当解决任何一个或者甚至全部难题。这让人们不禁想起，在1912年芝加哥市所逮捕的十万人中，有超过一半的人是因为违反了那些25年前尚未存在的法律规范而遭到逮捕的。因此，就这一点而言，社会还尚未被训练彻底领会这些法律规范的重要性。可以看出，大城市的发展是导致刑事司法在强制力方面愈发举步维艰的重要原因。

此外，美国社会向工业城市社会的转变，美国经济一体化与成倍增长的法律规范均对行政执法机关提出了更高的要求。然而由 24
于历史上的原因，在传统英美政治体制中，行政机关是其中最薄弱的一个环节。在现代世界中，英国曾建立了强有力的中央集权制国家，这要比其他国家早得多。同样，英国也曾建立了大权在握并拥有一般管辖权的中央法院，这也早于世界上其他任何一个国家。因此，在呼吁建立并实施现代类型的法院之前，人们已经感到为维

① 社会立法是对具有显著社会意义事项——例如涉及教育、住房、租金、保健、福利、抚恤养老金及其他社会保障等方面立法的统称。

护个人与地方团体的利益，有必要对英国王室采取某种制约措施，
并改由附近具有管辖权的法院予以管辖。于是，由普通法引发的
这种趋势在17世纪表现得尤为明显。在此期间，这些法院与英国
王室之间展开了激烈的明争暗斗，并在美国法形成时期更加白热
化。在拓荒时期社会或人口稀少的乡村社会中，最低限度的政府
管制不仅是必要的，而且还是非常乐意被接受的。此外，清教徒非
常讨厌凭借行政手段干涉个人意愿的行为，这也使得拓荒者最初
对政府干涉行为的猜忌情绪更加强烈。因此，政府在一段时间内
被束缚得太紧了。在相关事件发生后，人们通常对此提起诉讼，并
借此寻求实施《工厂法》《洁净食品法》《卫生法》《住房法》以及其他
更多类似法律的途径。与法院凭借旧时罪名针对人或物提起诉讼
一样，人们也在寻求强迫行政官员根据这些法律处理各种情形的
途径。同时，人们也在寻求各种途径，目的是简化法官所实施的司
25 法行政行为，使其纯粹行政行为具有非常确切的成文法依据。因
此，美国法院的法官曾经在一段时间内一直很尴尬，原因是他们试
图处理的事项根本不属于司法范畴，属于司法范畴的事项少之又
少，而且这种情况是屡见不鲜。但是在刑事司法制度的真正运行
阶段，美国地方法院与行政当局的权力涣散，行事各自为政，老死
不相往来。在当今实行一元化经济的这个国度中，这些做法是不
合时宜的。

此外，法律必须积累丰富的经验以应对前所未有的各种情况。法律也只有凭借这些经验，才能从容不迫地应对在大城市发生的种种新情况与当今多元化的人口现状。在法律领域中，这些经验只有经过一个不断摸索的过程才能习得，其他领域也是如此。但

是在法律领域中，人们在进行试验时要保证严格遵守宪法规定，要严格服从复杂立法机制的要求以及赞同法院运用传统审判技术处理公认的法律材料。尽管如此，面对前所未有的各种问题，人们本着寻找最佳解决途径的目的，必然要进行一定数量的试验。目前，新出现的各种问题接二连三地涌入美国城市，许多制定法不得不带有试验性质。结果导致人们难免怀疑制定法的必要性，同时也弱化了法律在国民脑海中的影响力。此时，这些法律正处于备受煎熬且需强有力支持的状态，那些陈旧过时的美国刑事司法机关已经承受了巨大压力，而美国的新设机构在很大程度上具有试验 26
性质。在经验为人们指明确定的前进道路之前，人们必须要预计到失败与不满的到来。

刑事司法的手段——刑罚

在一个高度发达的法律制度中，法律规范通过刑罚，违法行为的预防干预及恢复原状或专门照价赔偿等方式规定了制裁。从语源上看，制裁就是使法律规则变得更为神圣。这个词语要追溯到罗马法形成之初，最初指的是一个条款，根据该条款的规定，人类制定的法律与神制定的法律具有同样神圣的地位，如有人违反人类所制定法律的话，人们可将他献祭给地狱之神。换言之，人们赋予人类制定的法律在被违反时具有与违反传统法律完全相同的后果，而这些传统法律被视为由神所制定的。通过这种途径，人类制定的法律有意识地巩固了自身的地位。应当注意的是，刑罚仅仅是制裁的一种，其动机不是为了制裁，尽管制裁的目的可能是提供遵守法律的动机。制裁在原始法中还仅仅处于萌芽发展状态。制裁属于一种执行方式与手段，从这个意义上讲，制裁是一种发展臻于成熟的法律制度。随着社会组织变得越来越复杂，这种借助政治组织社会的力量以便更加有效实施行为规则的趋势将一直存续下去。

通过复仇方式而强制实施的刑罚是保护利益或维护权利的最
27 初方式。一个具有规律性的现象是，法律开始发挥效力的标志就是刑罚的使用。后来，法律掌握了更多有效且差别明显以实施法律规范为旨归的手段。例如，当罗马法首先设法找到杜绝额外遗产产生的手段时，有关可委托处理遗嘱人财产的主张便被否决了。立法对不按事先约定份额并多占遗产的遗产继承人规定了其所继承遗产份额的四倍罚金。后来，财产可以通过遗赠的方式进行额外有效的赠与，从而使这个过程更加简单。需要重申的是，法律从一开始就是通过对罪犯施加各种刑罚的方式以应对各种犯罪。后来，一种可能被称作赔偿的刑罚理念开始盛行起来。最后，法律认为赔偿适用于民事伤害案件，而刑罚则是启动刑事法律的手段。如今，刑罚几乎专门用于绝对义务的履行。然而，依赖刑罚措施以维护个人权利的旧时残迹还普遍存在。此外，任何类型的法律诉讼在最初出现时，均离不开立法，人们最初趋向于向刑事法律进行求助并对其规定相应的刑罚后果。于是，在规制贸易合同与限制同业联合的过程中，刑事诉讼已开始崭露头角。那时，人们一度依靠衡平法审理诉讼案件。如今，人们主要依靠联邦贸易委员会的
28 监管行为。有关工厂条例、住房法与交通管制法，或者说，事实上最近兴起的几乎所有的法律控制领域均有着类似经历。

在四种制裁类型的法律规范中，刑罚与替代性救济的历史是最为悠久、同时也是最让人感到不满意的。刑罚应当是专门为刑事法律所保留的使用手段。然而，人类经验已经表明刑事法律不应当在任何情况下都可以随意地发挥作用，它应当直接专门用于捍卫普遍安全与一般道德，与形形色色的反社会的个人与反社会行为作斗争。现代意义上的制裁类型包括特别矫正与预防。

作为一种法律救济方式，预防正处于刚刚起步的发展阶段。预防被用于消除因有形侵犯经济主张而引发的种种迫在眉睫的威胁，美国目前还仅仅停留在运用禁制令对此加以预防的阶段。近几年来，预防还被用于排除干涉联邦政府所保护的国家经济正常运行秩序的行为。在英国，禁制令是用来预防诽谤他人行为的发生，事实上，禁制令愈发呈现出保护人格的趋势。然而，律师并没有认真从更深层面上对运用预防的可能性进行关注。这里有一点似乎很清楚，即预防肯定在将来制定的法律中发挥着非常重要的作用，普通法系律师对预防持有偏见的做法从根本上讲是出于历史原因，并欠缺合乎逻辑的基础。

行政司法制度在本世纪得到了快速发展，对于行政司法制度
快速发展的情况附有相关的参考资料。但是，需要行政手段的场 29
合下也同样需要预防性司法。事实上，预防性司法拥有数种主要手段，行政手段只是其中之一。在当今由法律调整的美国秩序社会中，预防发挥作用的最佳途径就是运用行政手段。当前的工业社会要求制定法明确规定何种行为是允许的以及何种行为是不允许的，要求政府引导人们远离矛盾与冲突，而不是优先考虑运用复杂精密的司法调查程序与损害发生后精确的赔偿数目。制定法确

实规定了许多领域的行为规范，如为汽车司机在马路中间与过街人行横道的位置划定界线。在人类活动日益频繁的情况下，政府非常适合担任管理人类活动的工作，比如说街道拐角处的交通警察不仅可以指挥行人，而且还可以指挥汽车司机。与一般法律规范不同，交通警察的工作效果取决于他在发号施令过程中处理不同问题的个别化。与过去民风淳朴以农业为主的乡村社会不同，许多问题的处理需要采取个别化的方式，这是美国经济社会所要求的。当人与人之间的接触相对比较少的时候，法律规则无需规定太多一般的行为方针或者粗略的折中协议，便足以满足人们对正义的迫切需要。当人与人之间的接触迅猛倍增的时候，如现在
30 的大都市一样，个人主张之间相互冲突，互相重叠，法律规则很有必要在各个方面详细规定主张之间的界限，周密考虑并区别对待各种情况，虽然这是一件极为棘手的事情。

一般性规则是通过对一系列案件的具体情节进行排除，并对这些案件的共同情节进行归纳而制定的。在物权法与商法中，这种排除与归纳的方法足以提供具有实用价值的规则。排除具体情节的目的在于制定规则，但是人类行为涉及无穷无尽并且形式多变的各种情形，在这种情况下，所制定的规则还不足以真正使若干相关主体就各自主张达成折中协议。随着人们因其行为所涉及的接触次数越来越不可胜数，人们因接触而导致的矛盾也越来越尖锐。法律在处理人们的行为时呈现出个别化的趋势，并且这种趋势开始慢慢侵蚀着法律规则的管辖范围。本着实现司法正义的目的，通过规定不同的法律标准，个别化的需求得到了满足。换言之，法律详细规定了不同的行为方式，同时还规定了这些行为方式

在适用过程中所参考的每一个案件的具体情节。

在制定这些标准的过程中，法律既没有采用排除具体案件的各种特性并对其加以归纳的方法，也没有采用囊括具体案件的所有细节并对其加以详细说明的方法。恰恰相反，当法官在具体情形下需要采取具体行动时，法律试图设想出社会的普遍预期，即个人将采取怎样的行动以履行本人的承诺，以便指引陪审团或专家委员会凭借其常识作出判断。财产所有权与商业票据的性质与附 31
加条件不能依赖于也不应该依赖于具体情况，这些事项应由法律规则加以规定，正是法律规则将明确详细的法律后果与相关具体的法律罪行联系在一起，这些规则不应由陪审团或专家委员会规定。当事实被确定后，这些规则的适用是通过一种机械式的逻辑推理过程加以实现的。另一方面，对于每一位驾驶车辆的司机而言，“驾驶过程中的合理注意”是不能抽象并且一劳永逸地予以认定的。如果在这种情况下，现代意义上的法律并没有借助规则，而是借助已制定的法律标准来指导法官运用生活经验中的常识来解决所有罕见情形中的问题。事实证明，作为手段的法律标准在侵权法、衡平法，尤其是在有关公用事业的法律中的适用被认为是非常有效的，但是在刑事法律中却毫无用处可言，或者说所发挥的作用极其有限，正是对普遍安全的迫切需要阻碍了其作用的发挥。这使得美国联邦法院以及许多州拒绝采纳普通法上的轻罪，也使得欧洲大陆开始接纳罪刑法定原则，所谓罪刑法定原则即是法无明文规定不处罚。据此，许多在民事司法领域被允许的行为，在刑事法律领域可能都是被禁止的。

法律标准是在司法层面上对个别化需求的回应，如同行政裁判所的设立与对行政机关的日益依赖是立法机构随之作出的回应一样。每一种回应最终都是对城市化与工业化社会条件的回应，都是对植根于精细劳动分工基础之上的复杂经济社会的回应。导
32 致这一切发生的同样情况正在推动着或者说必然有利于预防性司法的进一步发展。

就预防性机制而言，历史上的美国普通法几乎对其知之甚少。由于肩负着维持治安秩序的职责，具有管辖权的刑事法庭或者治安法官采用第三人为具有人身危险性的罪犯进行担保的方法。这是一种原始意义上的预防性机制。在很久以前的过去，法律有一条不动产诉讼规则，该规则因年代过于久远现已废弃不用。根据该规则可获得一份法院判决，以此推翻某人声称拥有他人土地地役权的权利主张。后来，衡平法院衍生出对以下事项的管辖权：禁止对财产权构成威胁性伤害；解释信托事项以及就受托人的责任事项对受托人予以指导。这条规定直到最近才被美国法废除。在罗马法系国家中，有关民事法律的预防性救济的发展要远远走在美国的前面。在当代英国，一个人如主张与契约、遗嘱或其他书面法律文书具有利害关系，便可向法院申请关于权利确证的司法解释与法院判决。美国律师协会已经多次催促应对确认判决①进行立法，好多州已经按照英国模式制定了相关法律，同样，衡平法院发布禁制令的权限正在逐渐并且持续不断地得到扩张。作为治安

① 确认判决(declaratory-judgment)是指法院在未规定可予强制执行等救济措施的情况下，仅仅确认当事人之间的权利及其他法律关系判决。不论当事人此后是否据之请求给予救济，法院都可以作出此种判决。当事人通常在对自己的权利或其他事项存在疑问的情况下，可以请求法院就此作出确认判决。

维持手段而得到愈发广泛应用的禁制令，标志着这是一次运动，它将以前形成的预防性司法的效用发挥到极致。很明显，预防性司法在该法律领域内正在日益为人们所接受。另外，随着现代市政法院在美国大城市内的设立，司法局的创建也开始跟进，目的是当 33
公民需要知道本身所享有的权利时可以向其进行求助，而不是当公民身陷囹圄时无法得知应享有何种权利，这也便于事后对公民当时的行为作出判断。虽然预防性司法在民事法律领域呈现出一种谨小慎微的发展态势，但其意义十分重大，因为它指明了法律发展的未来方向。就整个发展领域而言，这还仅仅是一小部分。无人涉足的更广阔发展领域则属于刑事法律，预防性司法在这个领域内可能要取得更大的成就。

在美国，设计精密的惩罚性司法实质上将所有精力都用于应对犯罪实施完毕的罪犯。实际上，警察机关是一个预防机构，但它们主要是一个在面对犯罪时运用强制力发挥预防作用的机关。少年法院在专门针对青少年犯罪根本原因的过程中，无意中在犯罪预防行为方面作出了巨大的贡献。美国的缓刑与假释机构，正在同许多不利条件进行斗争，正在——至少在美国绝大多数法院中——因体制缺陷与设施不全而带来的种种重负下艰难地运行。虽然如此，它们也同样为这一发展趋势作出了自己的贡献。然而，即使通盘考虑这些情况的话，有一点仍然是千真万确的，即针对青少年犯罪，美国采取的是预防性法律处遇而不是惩罚性法律处遇，这一点无论在概念设想还是具体实施等方面都有所体现。

美国刑事实体法植根于对邪恶意志进行惩罚的学说。该学说
假设一个自由意志主体，在面对行善还是作恶的抉择时，在自由意 34

志的支配下选择犯罪，它认为只有对罪犯施加与他的罪行精确对应的刑罚，才能维护与普遍安全相关的社会利益以及与一般道德相关的社会利益。强制执行已确定刑罚的任务是由一套结构复杂的机制完成的。与侦查机制、定罪机制与刑罚机制类似，并且复杂程度不相上下的是由减刑手段所构成的复杂体系。它旨在实现必需的个别化，同时有些人在老练操纵减刑机制的过程中将获得一系列机会，以便于将某些特定的犯罪主体从法律罗网中解救出来。律师的兴趣主要集中在起诉体制、定罪体制与减刑体制，并不关注诸如犯罪之前所发生的一切，犯罪人赖以成长的环境，确保刑事司法制度的稳定运行等事宜。当律师从早报上得知有关一起犯罪的消息时，他就开始履行作为律师的职责。犯罪之前到底发生过什么？导致犯罪的原因是什么？与根据犯罪人的罪行而予以定罪量刑的事项相比，这些事项肯定不属于律师的业务范围，这也是意料之中的，一点也不会令人惊讶。律师很有可能这样告诉人们，他所学的知识只擅长应对实然事项，而不擅长处理应然事项；他也可能说，刑事法律是一个用以镇压反社会行为的律令体系，在具体反社会行为发生之前，刑事法律不会发挥任何作用。在精心呵护的传
35 统限度内，如果有可能通过法律机构发现具体反社会行为背后的根源时，他就会说必须诉诸立法学才能实现。法学是以那些早已存在的法律规范作为先决条件的，这一点直到最近才为人们所理解。它并未告知人们如何运用聪明才智创制出新的律令，新体制抑或改良现有体制以便使其有效实施。

在 20 世纪，法学的精神与立场正在持续发生根本性转变。但是到目前为止，这些对律师职业几乎没有产生任何影响。如果普

通法系的律师对某种理念感到很陌生的话，那么按照这种理念而制定的措施通常被宣布为违宪。正如人们所期待的预防性司法一样，如此谨慎小心的法律创制也通常遭到同样的命运。假如人们要制定持久不衰的制度，大量的教育工作必须走在相关本质问题的立法前面。

事实上，预防性刑事司法不是通过法律手段而是通过法外手段取得预期效果的。在大多数情况下，它之所以有效发挥着作用，是因为社会工作者而不是法律的原因。换句话说，人们仍不得不继续对预防性刑事司法体制进行设计，并弄清楚预防性刑事司法的运行方法。在已经完成的微不足道的研究工作中，有许多工作是带有试验性质的，还有一些已误入歧途。然而，如同预防医学的发展对于医学一样，对于法理学而言，预防性司法的发展注定具有着划时代的意义。对于这一点，人们不应有所怀疑。

36 Ⅱ　刑事司法面临的种种困难

有法司法与生俱来的种种困难

法律并不仅仅是全部规则的集合体，因此，法律的实施不仅仅是将明确详细的犯罪罪行适用于事前已规定的明确详细的法律后果。法律必须对生活起到支配性作用，而生活的精髓在于变化。一个立法者不可能无所不知，他无法预测出人类通过自身行为所犯下的复杂罪行，也无法确定相应的法律后果。事实上，"情况得到很大改观"意味着立法并未达到其目的，原因是它预先假定立法只要制定规则，忽略法律中其他具有决定意义的要素，就足以实现对法律规则的适用。只有最原始意义上的法律体系全部是由规则构成的，然而即便是"原始法典"也存在着不容忽视的一定数量的"传统解释规则"。这里存在着一种趋势，即除构成法律的规则要素外，其他的一切要素都被忽视，这是多数国民对有法司法感到不满意的原因之一。然而不仅如此，出于司法本质、这种本质与非专业人士关于司法看法之间的联系以及有关法律的应然目标等原因，构成一个发达法律体系的所有要素都包含着具体的困难根源。

37 在一个具有高度组织性的社会中，法律是由三种要素构成的：一是法律规范体系；二是为特定案件在法律规范体系中确定判决理由的传统方法，以及旨在应对以前从未发生也无法预料的罪行状况而发展、解释、运用这些法律规范的传统方法；三是由各种已认可的社会理想与法律秩序理想所构成的体系、法律目标体系以及法律规范内容与其适用的应然状态体系。律令要素是由规则、原则、概念及标准等构成的要素。换言之，律令要素是由针对具体明确的犯罪形态规定了详细后果的规则构成，是由在具体犯罪与预定规则不完全相符时经归纳而形成的权威性法律推理起点构成，是由在决定适用何种法律规则时通过法律推理对具体案件的犯罪事实进行分类归纳而形成的犯罪情境构成，是由在参照现有案件具体情节并经过精确论证具有较强适用性的行为尺度构成。无论人们观察何种类型的律令要素，它在有法司法过程中均面临着种种困难。从另外一个方面说，规则的制定是一个归纳与排除的过程，这个过程很可能排除许多与具体案件相关的独有特征。鉴于案件本身的特殊性，这些独有特征很可能与正确权衡全部有待调整的主张密切相关。因此，从普遍安全的立场出发，机械运行的法律规则可能具有重要的意义，但是从个体生活的立场进行审 38
视的话，它可能令人感到非常不满意。法律原则是在针对具体案件的重要犯罪事实进行更高程度的归纳与排除的基础上制定的。因此，法律原则可能轻而易举地驳回针对它们的复议请求。无论对于非专业人士对于法律原则的掌握还是对于有法司法而言，这似乎呈现出一种肤浅呆板的表象。同时，法律概念的制定是出于为大部分案件着想的目的。因此，为使它们达到一致，人们可能觉得非常有必要通过强行引用特别案例的方式。民事法律所适用的法律规范特性决定了民事法律对于个别化的需求，而这种需求是通过法律标准的途径加以满足的。然而，正如人们已经意识到的那样，这些法律标准并不能适用于刑事司法领域，或者说无论如何它们在该领域的适用范围也非常狭窄并且适用条件也极为严格。

绝大多数的刑事法律是由各种规则构成，而人们不得不与这些规则打交道。人们对法律始终不满意，其中，法律规则的机械运行方式始终是令人们不满意的最普遍根源。人们应在法律规则与法官裁判之间进行权衡，这是在实现普遍安全与个体生活的过程中又尽可能不伤害对方的重要条件，同时这可能也是法学面临的最大难题。

几个世纪以来，人们一直积极寻求司法权运行机制的途径。当前，司法完全或主要通过法律规则的途径，同时还包括自由裁量的主要途径。诸如此类的种种努力却始终未能成功。但是，这些周而复始与坚持不懈的努力说明这样一个事实：人们不得不面对
39 一种与生俱来的困难。这里也很少存在不偏不倚的平衡。大多数情况下，司法不是依靠这种方式，便是依靠另一种方式，这种极端现象一直是循环往复地出现。在英国实施严格法[①]的中世纪晚期以及美国法臻于完备阶段的19世纪后半叶，法律规则成为人们重点强调的对象。人们试图将个别化原则排除在外，严格限制基层司法官员，使其精确地遵守律令的所有细节，或者通过在已确定的法律原则中进行逻辑推论从而通过机械的方式对法律加以适用。另一方面，16世纪与17世纪的英国行政裁判所、集立法与行政职

① 严格法(strict law)是在适用于某一具体事实时，以法定形式承担的任何责任都必须得到全面准确的履行，毫无回旋余地。换言之，严格法是剥夺了法官自由裁量权的法。

能于一体的美洲殖民地法官以及本世纪大肆设立的行政委员会则重点强调自由裁量权与个别化。相比之下，如今基层司法官员则被赋予相当大的权限，使个别案件的具体犯罪事实与法院的诉讼行为相对应。然而，这种行政司法制度引起了非常明显的反响，很明显，法律规则机械运行的方式可能具有缓和矛盾的作用，另一方面人们也可能不希望将其排除在外。

这个问题曾经从另外的方面论及过，即法律规则是一般性规则，它是在经验或推理的指引下，通过排除具体争议案件中通常无关紧要的要素后制定的。在归纳具体纠纷而形成大致纠纷类型的基础上，只要案件大体相似，就可能预测出或者比较合理地精确推测出该具体纠纷所接近的类型，这样的结果令人非常满意。然而 40
在实践中，案件与案件之间不可能完全相同，也不可能与法律通过准确预测或精确测量的方式所确定的类型大体相似。这里还存在不断重复的渐变现象，一种类型经常嬗变为另一种类型，故人们很难有把握选择适用于具体案件的参照类型。导致司法分歧的原因有许多，因为事先不可能精确拟定法律规则之间的界限，当人们以制定一般性规则为目的，排除那些看似不是很重要的要素时，人们其实永远不能确定那些被排除的要素是不是在将来解决某些具体纠纷时发挥重要作用。

在严重依赖严格法的时期，人们希望废除自由裁量权。这导致人们试图通过以下途径来达到满足特殊个案要求的目的，这些途径包括规定法律规则适用的例外情形、法律规则的适用条件以及详细的附加条件。在 18 世纪后半叶，人们认为针对每一起发生的案件，理性足以担负起配给相关立法条款的重任。然而，可能正如人们所预料的那样,制定这样一部法典的宏图壮志无一例外地均以失败而告终。一个立法者即使花费毕生的精力也不能预测出利益冲突的大致轮廓或者行为过程的主要方式,这些均是在适用
41 法律时必须加以考虑的。此外,通过规定特别条款以试图囊括方方面面的法律制度将因累赘过重而无法运行。

因为自由裁量权不能完全被排除在外,所以未来的趋势是规定某些机制以便掌控自由裁量权的行使或者试图根据法律规则的规定行使自由裁量权。任何一个法律体系均规定了司法豁免权或者元首豁免权,任何一种高度发达的法律体系通常针对司法规定了许多自由裁量权的引进手段。美国刑事司法制度也同样规定了许多此类手段:警察机关拥有决定何人接受审判的自由裁量权。公诉人实际上拥有权限较大且不受控制的自由裁量权,如对犯罪与罪犯视而不见,任由其逍遥法外;在诉讼早期阶段撤诉;在无刑事起诉书的情况下将被起诉对象交付大陪审团;在递交刑事起诉书后拒绝起诉;同意就轻罪与被起诉对象达成认罪辩诉协议等。大陪审团可以驳回起诉;拒绝起诉。小陪审团通过概括裁定[①]的方式行使除罪权,这已经是家喻户晓的事情。就刑罚而言,普通法系法院拥较大的自由裁量权,经常就刑罚的中止执行或者减刑等事项行使自由裁量的权力。在最近几年中,美国已经就缓刑与假释相关自由裁量权的行使事宜作出补充规定。在自由裁量权体系中,居于首位的当属行政赦免特权。某些自由裁量权还受制于与程序相

① 概括裁定(general verdict)又名总括裁断,指陪审团在无须专门裁断事实的情况下,便可概括地裁断原告胜诉或被告胜诉或者刑事被告人有罪或无罪。

关的各种限制性规则。然而，如果说此类限制性规则可能以其他方式有效限定法官本身的人为误差，防止其超出完全无法容忍限度的话，那么它们很可能使这些制度设计完全像机械一样运行，曲解具 42
体案件所适用的法律条款，为罪犯逃脱法律制裁提供可乘之机。

迄今为止，法律能做的仅仅是在过于琐碎的法律创制与权限过大的自由裁量之间达成一种现实妥协，结果，这不可避免地牺牲在具体案件中适用的灵活性，而这种牺牲有时肯定会导致不公正结果的出现。此外，这还赋予法律规则一种主观武断的外在形象，并经常使在现实中适用的法律与公民个人的道德理念背道而驰。这种情况在转型时期更是如此。无论什么地方均存在激烈的利益冲突，抑或各持己见的正义理想；无论什么时间均存在主张自身权利而不愿轻易和解的集团或阶级，故人们可能强烈抱怨不存在与个人道德感相一致的法律，因为个人仅仅根据个人是非之心对个案进行审视与衡量。法院必须根据案件类型及类别对案件进行审视，必须以一种经过归纳并在某种程度上近乎人为的标准对案件进行衡量。人们不敢赋予法官过大的自由裁量权，即使他是最出类拔萃的法官，法官在行使自由裁量权的过程中也反映出培养法官或与法官具有密切联系的社会要素的欲望。但是如果人们用法律规则束缚住法官的双手，他可能不得不机械地适用世代相传并规定在普通法与制定法中的伦理观念。无论人们选择哪一种方 43
法，在以最大诚意适用司法标准与批评家个人标准的情况下，两者肯定存在着严重分歧。这也是人们对司法普遍感到不满的原因，这个原因具有重要的价值。

困难与不满的根源存在于法的技术要素，因为它缺少权威性技术的需求与价值的普遍评价。将规则规定完毕看似已经足矣。然而，规则的生命在于适用，规则的适用程序与规则本身的确定程序同样重要，这一点是很难理解的。在一个民主社会中，国民可能低估了适用法律时所面临的种种困难，可能假设任何人均能胜任为所有案件挑选合适规则的任务，或者至少假设任何人只是基于表面利益的情况下，便能够评价所适用的行动中的法。

事实上，法律规范的制定及适用均离不开专门培训或者教育经历。传统法律规则可以被比喻为工程师的方程式，它们总结了历代法官在审理众多案件过程中所积累的经验，使掌握规则适用方法的人们在并未亲身参与总结经验的情况下便可以应用这些经验，如同工程师的方程式使工程师能够利用过去所积累的经验一
44 样，虽然他并未对经验发展做出自身贡献，哪怕是一丁点的贡献。至于法官，在这方面正如工程师，也要求具备专业知识与特殊训练。任何处事公正的人不可能只适用此准则而不适用彼准则。一方面，在人们没有足够兴趣或者尚未清楚如何调整律令的情况下，司法面临着律令的制定或形成问题。另一方面，在尚未清楚如何适用法律规范——这是一项必须掌握的诉讼程序技能——的情况下，司法面临着法律规范的适用问题。法律规范的适用最多不过是运用已有的普通法方法，但这种做法经常被批评为一种司法僭越行为，因为它与法律的准确字面意义大相径庭。若干年前曾经有一个这方面的著名例子，美国最高法院在解释反托拉斯法时只不过适用了公认标准。在其他时候，法院只在官方所允许的方法范围内行事，而不允许跨越雷池一步。此时，它被指责为行事机械，酷似一个过于迂腐的书呆子。这样的例子举不胜数，比如在本

世纪初的一二十年间，人们就煽动取消法官与法院判决。

人们从美国拓荒者的身上继承了一种“通才”思想的信念与一种人与世间万物皆平等的自信。相对于美国某些地区而言，这种信念在另外一些地区更具有影响力。不过，这种信念通常在形式上表现为一种看法，即任何一个人都能够理解司法制度在面对以工业为主的城市社会中错综复杂的争议与人际关系时的种种需求，正如人们也许已经理解了司法制度在面对农业社会中较为简 45
单的争议与人际关系时的种种需求。这导致人们对律师资格培训的真正标准产生了厌烦或者怀疑，导致司法机关任职资格标准过低，以及导致人们对科学方法与法律技能的精准尺度产生类似轻蔑的看法。这种“通才”思想的影响可能体现在美国南部与西部大多数州中权势熏天的陪审团身上，体现在负责遗嘱检验事务的非专业法官身上，也体现为立法机关或者司法机关对先例原则的大力抨击。在刑事法律领域中，通常比较明显的例子是制定法为小陪审团确定刑罚种类。另外需要补充说明的是，导致美国各个地区制定法迥然不同的根源远不止一种。

值得强调的一点是，国民对司法过程中采用最高科学标准的主张抱有深厚而直接的兴趣。一般而言，这是绝不可能实现的，然而与世界其他国家进行比较时，人们总是抱怨美国司法公正的问题，人们也的确经常这样做。与其在工业社会其他场合的必要条件相比较，人们需要反省所涉法律（这些法律是人们主张或者认可的）在适用与实施时的必要条件；与世界其他国家相比，人们也需要反省刑事司法主体的专业培训、管理体制及遴选模式。美国在传统上依赖于宣传报道，但只有在某些极端案件中，国民的愤慨之

46 情才可能被引发，这既不能保证所有司法机构的日常有效运行，也不总是产生正面的作用。在日常审判过程中，人们当然必须依赖于经过专业培训的律师所提出的专业评论意见。律师将注意到与法律原则与公认的法律学说相符合的一切知识，与其他机构比较的话，这些知识对于正常有效运转的法院来说最为重要。然而在目前情况下，美国大城市也经常发生这样一种现象，主要精通刑事审判庭情况的律师从截然不同的立场出发对此进行了细致观察。最训练有素的那部分律师越来越倾向于在法庭外完成大部分工作，并几乎完全不接手刑事案件。于是，针对司法最有效的监督措施便失去了作用。由于国民不愿承认构建细致严谨的司法制度、对律师以及法官进行专业培训等事宜的必要性，这便额外增加了难度。当然，这也是在意料之中。

有关描述技术要素的许多内容也同样适用于理想要素。在任何已知的主观理想得以具体化的情况下，通过归纳经验并经过当时占据主导地位的道德观念、社会观念以及经济观念的塑造，人们所认可的法律理想才能得以形成。与此相反的是，非专业法官有关行动中的法的理想可能是在特殊情境的基础上形成的，在此基础上，如果从大处着眼的话，所有的相关因素是无论如何也不可能全部被涵盖在内的。特别是在刑事法律领域，法官在科处刑罚时
47 必须彻底查明犯罪行为发生的内部条件与外部条件等全部细节，必须仔细调查犯罪行为的动机及其后果。这是一种根据个别案件而精确调整刑罚的法律理想，也是作为一种对在定罪量刑过程中机械适用一般性法律规范的补偿方式。对于诸如此类的案件，国民可能根据明确的犯罪后果，通过对犯罪行为贴标签的方式作出

判断。如果那样的话，那么国民将忽略每个人被指控的具体犯罪，要求法院作出千篇一律的判决。然而，在其他任何时候所作出的判决可能建立在单独考察被告人个性的基础上。如果那样的话，那么这里就存在一种对免于定罪豁免权的需求。于是，尽管法官与非专业的评论家可能同意将道德的终极标准适用于具体案件中，但是他们的最终结论可能存在严重分歧。国民倾向于作出这样一种猜测，即这种分歧的存在证明司法存在缺陷，而美国刑事司法制度一直受到这种猜测的困扰。一方面，立法机关持续不断地对课刑过程中的自由裁量权进行侵蚀或剥夺；另一方面，本着提倡豁免权的目的，法律赋予了陪审团过多的权力。

导致人们不满的更多根源与生俱来地存在于法的理想要素，这些根源产生的原因是权威性律师职业传统与瞬息万变的非专业舆论的各自进度不同。法律中的理想要素一直处于变迁过程中。 48
通过对关系型社会的各种理想（记载在17世纪的美国古典法律典籍中）与竞争激烈的个人主义社会的种种理想（记载在19世纪的法律典籍中）的比较，人们可以发现理想要素的确处于变迁过程中。但是，这个变迁过程比较缓慢，有关并购安全与社会经济组织的法律变迁也同样缓慢。法律理想曾经一般是那些普遍得到舆论承认的理想，这种情况非常常见，尤其是在转型时期。但是这种情况，无论是现在还是将来，都不再发生了。

在某种意义上，此种困难的存在也与律令要素有关。就法律规范是舆论的言语表达而言，在舆论得到合理确认并被确定下来之前，法律规范是无法制定的；在舆论没有发生明确变迁之前，法律规范也不可能发生变更。由此可得出法律规范必然滞后于舆论的结论，这几乎是可以确定的。无论何时，舆论一直非常活跃，始终处于不断发展的状态，但是，规定过于详细的法律规范是比较容易变更的，实际上在美国，这类法律规范的生命周期通常都比较短。真正滞后于舆论的是公认的理想要素，正是这种滞后导致了人们对司法的不满。理想要素限制着律令的解释与适用，并且经常妨碍或者使那些通过立法改变律令的尝试变得无效。

本着使法律能够即时感知舆论动向并迅速予以回应的目的，
49 人们已经采用了许多种手段。在美国，人们过多地依赖不同法律主体频繁展开的立法活动，由此制定了数量繁多的法律，甚至达到了人们很难了解不同法院的成文法适用现状。在上世纪前半叶，在这个国度的不同地区，人们在不同程度上试图向所有的人——在无须考虑其教育背景与特殊培训的情况下——开放律师业务，从而使其去职业化。法官通过选举任命，通常任期较短，这使得法院陷入政治漩涡之中。通过牺牲法院为代价，陪审团被赋予了广泛的权力。不止一家法院将以上全部或部分手段的实施发挥到了极致。每一种手段均具有削弱美国刑事司法制度的作用。在当前，本着使审判法官能够随时回应舆论的目的，舆论开始要求摈弃其中的某些手段，意在使这些手段今后能够与之完全保持紧密的联系。在本世纪，美国主要依赖建立行政裁判所的方式。这些行政裁判所通过非诉讼程序的方式行使广泛管辖权。然而，只有极少数的行政裁判所，如果有的话，能够成功地根据舆论进行自行调整。在运行过程中，不止一家行政裁判所在行使司法权时屈从于法律在设法维护利益时所带来的破坏性影响，而不是服从于舆论。本世纪所极力主张的其他手段是罢免法官与撤销司法判决。然而一般来说，这些手段并没有得到这个国家的赞同，因为这些手段对普遍安全具有明显的威胁。

人们必须承认，有法司法的困难可以被最小化，但不能被完全 50
消除。人们能做的仅仅是达成一种现实妥协。舆论很少如此明确地、清楚地就折磨司法者的细节问题加以肯定或者达成如此一致的意见。与此恰恰相反，它必须通过对律令——这些律令是法院必须遵守的，也是塑造承审法官理想所必需的——制定主体施加压力，从而对法院诉讼行为产生间接影响。然而，假如舆论凭借法官判决所依据的律令与通过解释、引申与适用这些律令而得出的种种理想对法院诉讼行为产生影响的话，这将得出法律对新形势的反应并不是很迅速的结论，法律在有害影响被感知之前是不可能发生变化的。原因是这些律令一旦制定完毕，在废除或变更之前，将一直发挥作用。此外，这些理想一旦被人们所接受，在新的理想明确建立之前，将一直被人们所认可，并成为权威性惯例的一部分。实际上，人们与刑事法律打交道的经验表明，除非有害影响在被察觉之前，法律几乎是不会发生任何变化的。最早的变化必然发生在经济领域、政治领域或者道德领域。当法律领域发生变化的时候，这种变化必须达到显著全面的程度，才能影响法律规范与已认可的理想，也才能对每种变化本身进行系统阐述。法律与影响不断凸显的舆论之间的分歧日益明显，这种分歧也引起了国民的极大不满。经济秩序要求法律具备确定性与一致性，而人们必然要为此付出代价。然而，以下这一点必须得到承认，即对普遍 51
安全的过分渴求导致上世纪的律师过于看重对法律确定性与一致性的需求。有时候，他们将法律的确定性与一致性视为不惜一切代价而追求的对象；有时候在他们的笔下，法律与道德，公认的法律理想与舆论之间的分歧似乎是法律制度的优点，而不是间或出现并令人感到不满的迫不得已。困难是与生俱来的，人们必须对这种认知保持警惕，以免在这种认知的指引下，人们对无论在何地应最大可能降低法律与舆论之间差异的增长速度的任务置若罔闻。

导致法律实施困难及有法司法令人感到不满的另外一个根源在于人性。法律是一种社会控制手段，凭借政治组织社会的强制力达到完成任务的目的。法律规定了种种约束措施，或者正如同法律所宣称的“权衡生活的尺度是理性”。法律在调整关系与规制行为的背后，至少总是存在使用强制力的威胁。在一个以工业为主的都市社会中，正如人们所看到的一样，大幅增加约束措施、调整措施与规制措施的数量是很有必要性的。然而，无论这些措施有多么必要或者效果多么明显，人们可能很难服从这些措施。就时代、传统与思维模式而言，许多美国社区仍然离边疆地区只有咫尺之遥，以至于那些对训诫措施、秩序井然与循规蹈矩充满敌意且个性鲜明的拓荒者，可能处于蛰伏状态，甚至混迹于高素质的公民中间。在某
52 种程度上，法律所施加的约束措施差不多经常是个人与其同侪之间所达成的某种妥协方案。在权威时代，这些妥协方案可能被人们不加质疑地予以接受。在权威受到挑战的年代，尤其是在绝对民主主义学说得到公认的年代，那些对此心怀戒备的人们可能要对它们进行详细的审查，原因是出于其同侪利益的考虑，这些人被要求不得从事某些活动。个人将自我肯定的自由予以最大程度的实现即是至善，人们可能在参照各自欲望的基础上具体地运用该标准，而不是将本人欲望与其同侪欲望抽象地予以归纳合并。同时，每一个人

作为主权民主社会的器官,在某种意义上凌驾于他参与制定的法律之上,这种感觉助长了对法律方法的厌烦、对法律制度的无视甚至是对两者进行抵制的情绪。这使得有法司法陷入愈发艰难的境地,也使得人们更加求助于作为主要社会控制手段的法律。无论法律规范是否得到实施,人们可以保证最终结果还是不尽如人意。

在美国,在源自于与 18 世纪"自然法"相关政治与法律理论的影响下,人们对约束措施的厌烦而引发的种种困难被进一步严重化。美国政治体制的缔造者信奉这么一种理论,即"革命是上天所赋予权利",并认为是否符合个人善恶观念是检验法律有效性的方法。诸如此类的理念充斥古典政治学著作与法学著作。在美国拓 53
荒时期社会中,共同防御是普遍安全最为紧要的阶段;另一方面,这些理念不会妨碍反而大大有助于对律令与规则进行严格审查。这些源自于旧世界的律令与规则能够根据不同社会秩序而对自身进行相应的调整。然而,它们在当前附和追随的立场不利于诞生一个行之有效的法律秩序。譬如,许多年前存在某些这方面的例子,举这样的例子不会使人们被卷入当前争议中,请认真思考冈珀斯[①]先生在二十年前劳工节所发表的声明,他声称他将不再遵守法院的命令,因为这些命令剥夺了他的"自然权利"。一位著名的牧师在十年前当众宣布目无法纪不是困难,困难是制定法与"自然法"不相符。请好好考虑一下这些话。再认真思考一下十年前那

① 塞缪尔·冈珀斯(Samuel Gompers),美国劳工运动领袖,美国劳工联合会的主席。冈珀斯被人们称为"最伟大的劳工组织者"、为工会的繁荣时期打下了基础。还有一点不应被忘记,正是在冈珀斯的提议下,"国际劳动节"才得以设立。

些政府官员的讲话，他们曾当众赞扬那些侵犯某些人法定权利的政府行为，因为这些人让人感到非常讨厌。这也与那些守法良民的观点不谋而合。鄙人认为，这些守法公民的意志具有法律效力。再考虑一下十多年前，一位联邦政府司法官员公开赞成以暴民暴乱的方式对付这些令人非常讨厌的人。很明显，这与拥有自然权威的暴徒摈弃法律的做法如出一辙。本着同样的精神，陪审团也已经习惯了作出概括裁定的做法，并以此作为无视成文法是出于最大善意的正当理由。可能最极端的例子发生在 1908 年的芝加
54 哥，被告人根据主日停止起诉[①]的规定被屡次宣告无罪。伊利诺伊州的法律规定陪审员是运用法律的法官，尽管这也在某种程度上招致此类的事件发生，但是人们可能随时随地发现不如上述事例那么极端的事例。在一个以工业为主的都市社会中，出于普遍安全的需要，法律应当获得全社会的尊重。然而在当前这种氛围下，这是一件极其不容易的事情。

二律背反的刑事司法

到目前为止，鄙人已经探讨了种种困难以及导致国民不满的根源，这些均影响着民事司法与刑事司法的总体状况。另外，大家还专门探讨了刑事法律面临的种种困难以及国民对其不满的若干根

① 星期天亦称“安息日”“主日”。根据主日法的古老规定，除必要的例外情况外，禁止在星期日从事各种工作、娱乐和其他活动，违反者将处以罚金或其他刑罚。在法律上，星期天是不开庭的法定假日。美洲殖民地在建立时就有类似立法，但 19 世纪早期被废除。

源。也许导致这些困难最根深蒂固与最普遍的原因直接存在于该法律部门的发展历程中，但它与刑事法律所承担的任务密切相关，实际上与通过有组织社会实现社会控制的任务密切相关。这些困难与不满的存在是因为刑事司法制度存在着内部矛盾，这可以回溯到律令制度的历史渊源，这些律令制度不仅通过刑罚将绝对义务强加于人，而且将自身也付诸实施。这可以将其称之为二律背反的刑事司法。

从历史上看，刑事法律发轫于某些简陋的前法律类型社会控制的法定管制措施。第一个起源是宗教团体的献祭，宗教团体负责将大逆不道为非作歹之人献祭给受到冒犯的上帝，否则上帝可能将他的怒火发泄在整个社会上。为防止整个社会因为此人的罪
行而受到牵连，那个因大逆不道而冒犯上帝的家伙将被关进监狱。 55
第二个起源是集体自助行为。在日耳曼法中，当一起严重的犯罪发生时，伴随着追捕罪犯的呼叫声[1]，乡邻们各持武器冲出家门，吹响各自的号角，奋力追捕罪犯。如果罪犯被他们擒获，将通过私刑的方式被随意处决。与之相似的是，在罗马政治体制肇造时，平民百姓习惯于将罪犯从塔尔珀伊亚悬岩[2]扔下去。在某种程度

---

① 追捕呼叫是早期刑法的一条重要原则，即当抢劫或其他重罪发生时，犯罪发生地的居民有义务大声呼唤众人捉拿罪犯。否则，他们应负责赔偿受害者的损失或被处以罚金。

② 在萨宾人（the Sabines）攻击罗马期间，罗马维斯塔神庙贞女祭司（the Vestal Virgins）塔尔珀伊亚（Tarpeia）背叛了罗马，向萨宾人打开城门。萨宾人许诺给塔尔珀伊亚以“戴在胳膊上的东西”作为报酬，塔尔珀伊亚认为是萨宾人戴在胳膊上的黄金环。但城破之后，萨宾人用挂在胳膊上的盾牌，将叛徒塔尔珀伊亚挤死，并将其从卡庇托山（Capitol hill）的一块巨石悬崖上扔下去。从此之后，这块巨石悬崖就叫做塔尔珀伊亚悬岩（the Tarpeian rock），整个罗马王政和共和国时期，罗马人把最恶行昭彰的罪犯，一般是叛国者，从这个悬崖上扔下去处死。那些有智力障碍和严重先天性身体残疾的罗马人，也遭遇相同的命运。

上，国家所享有的惩罚权源自于国王是“国家之父”的历史概念，国王针对每一位国民的管辖权源自其作为父权制家族首领所拥有的权力。第三个起源来自于受害人及其近亲属的自助行为。最初的法律比较关注规制与尽可能地避免作为结果的私人决斗而不是制止犯罪。原始法典主要规定了有组织的同态复仇。在很长一段时间内，人们并未对民事侵权行为与刑事犯罪行为作出区分。追溯至罗马《十二表法》[①]，它在所谓的私人诉讼中规定了死刑。实际上，对于人们所说的民事侵权行为理论上的最主要救济方式就是罚金刑。第四个起源是军事首领的训诫权。正因为如此，罗马高级执法官拥有统治权，即命令公民在和平时期始终维持秩序与在战争时期始终遵守军纪的权力，这本来就是一个军事概念，因为战
56 争是古代社会的正常状态。随着社会组织化程度的提高，许多新的义务也随之产生，这便要求人们寻求用于履行这些义务的新途径，于是军事首领被授予越来越宽泛的人们所说的民事管辖权。最后一个起源来自于立法。当立法、司法与行政相互不分时，国民大会或者国民委员会制定并通过具有溯及既往性质的法律及其实施方式，这是将刑事法律从私刑中分离出来向前迈进的一大步。概括地说，历史上的刑事法律肇始于献祭式处决、国民自行报复、父权制社会的家长权、执法官的训诫权、个人自助行为及立法审判。

---

① 《十二表法》是由古罗马的一个十人委员会于公元前451—前450年间制订，起初为十表，后来又在其上附加两表，故称《十二表法》。《十二表法》主要是关于民法、刑法及诉讼程序方面的规则，此外还包括了立法改革和变革习惯法的措施。它旨在使重要的习惯法规则成文化，并限制贵族特权，当然，《十二表法》也承认当时的家族制和贵族集团的特权，并视债务奴隶为合法。《十二表法》被视为古罗马最早的法典和罗马法的起点。

根据相关的原始材料，与法律的社会控制相关的某些共同要
素在演变过程中面临着种种困难，这种情况直到现在仍然如此。
随着通过政治组织社会进行社会控制方式的逐渐盛行，这种宗教
信仰——将罪犯献祭给因其犯罪行为而受到冒犯的上帝——被宣
布为非法，而宗教献祭式处决则成为法定处决方式。关于此类被
逐出社会的行为与处决行为，法律开始对其适用理由与方式进行
限制，同时着手规定了相关符合法定形式的主要步骤。作为家长
的国王化身为最高行政长官，其拥有的权力由法律事先规定并对
其进行限制。民众自助制度也具有了一定的法律性质，因为它必
须遵守某些司法限制，也必须服从于某些司法仪式。个人支付的
罚金以及由私人复仇而衍生的赎罪金已演变为损害赔偿的民事责 57
任，刑罚则专门保留在国家制裁领域。执法官的训诫权要遵守各
种司法限制，强行推行这些限制性规定的律令则演变为刑事法律。
此外，立法委员会演变为法院，立法公正被司法公正所接替。于
是，在受制于其起源与历史的情况下，刑事法律具备了双重性质：
一方面，刑事法律由针对个人的命令与禁令组成，发布这些命令与
禁令的目的是保护社会利益；另一方面，刑事法律由实施这些命令
与禁令的限制性规定组成，其目的是使个体生活处于安全状态。
如果没有法官判决赋予其效力，那么针对公民发号施令的那部分
命令与禁令将毫无作用可言。然而在同时，赋予命令与禁令效力
的法官判决将受制于针对法官所制定的那部分规则。

正是刑事法律的发展历程强行导致了刑事法律内部相互对立的情形。然而，这在某种程度上与刑事司法的任务也是密不可分的。刑事法律所涉及的均是最迫切与最基本的社会利益：一方面，

文明社会是以公共秩序的井然有序、社会制度的安全、一般道德的安全与社会资源的保护与理性使用作为前提的；另一方面，文明社会同样是以不受束缚的个人进取精神作为经济发展的基础，以自由批判精神作为政治进步的条件，以及以自由脑力劳动作为文化
58 发展的前提。最重要的一点是，文明社会要求所有人应当生活在一种与人的身份相符合的道德与社会生活中。这些主张被归纳为个体生活中的社会利益，它们不间断地对社会制度安全利益进行侵犯。至少从表面上看，它们经常与普遍安全中的最重要利益发生冲突。如果必须采用那些经过归纳而形成的准则，同时以多少有点机械的方式对其加以适用的话，那么明智的妥协方案是很难达成的。

与美国人民一道，包含在美国宪法之中的《权利法案》较为广泛地规定了这种妥协的界限。人们对这些《权利法案》中不止一种以上的保障措施感到非常厌烦，这明显地体现在最近所有与刑事诉讼程序改革相关的研究项目上。这些保障措施是对与人性有关最基本的一般问题的回应。自我肯定与权力欲，自由行事的欲望与支配一切及控制他人行为的欲望是根深蒂固的人性倾向，这就要求政府与法律发挥相应的作用，如果文明社会要得到存续并向前发展的话。正是由于文明社会的缘故，政府及其法律机构才会危及某些利益，而这些利益正是与文明社会存在与发展息息相关的利益。人们必须利用权力欲作为构建社会生活秩序的手段。但是人们必须对权力欲进行克制，以免它超出理性所规定的生活要求，同时以免它不可避免地超越底线而损害个人自我肯定的自由。

从出于满足专横跋扈统治者发号施令的需要以及限制专横跋
59 扈统治者的同样需要到本着这些目的而制定相应规则的过程中，

两种难分伯仲的制度开始成型——行政体制与法律体制。前者强调有效统治，后者强调自发的个人进取精神及个人行动自由；前者强调公事公办的行事方式，后者强调因人而异的行事方式；前者主要寄望于行政等级制，后者则优先考虑司法等级制；前者依赖于经验丰富的指挥，后者依赖于判决实践而展开的反复试验；前者将每一位官员组织起来并分配具体工作，界定每一位官员的职责范围，同时通过上级行政领导的检查、监督等手段遏制权力欲，后者通过审判与司法程序中理由充分的论证将每一位官员与每一位官员的行为置于法律管辖之下，从而达到遏制权力欲的目的；前者要求一位英明的统治者或者统治集团出于开明动机进行统治，他（他们）精力充沛，为人正直且心地善良，后者要求一部基本法以及普遍存在且坚定不移的守法决心；前者保持着罗马帝国时代的传统，它继承了拜占庭皇帝与法国皇帝所遗留下来的古代体制，并对掌握着主权的国民、大臣及大小官员作出相应的安排，这与罗马政治体制对皇帝与他的行政官员进行安排的做法，古代法国政治体制对国王、王公大臣及政府代表进行安排的做法如出一辙，后者则保持着日耳曼传统或者中世纪传统，即国王的统治要服从于“上帝与法律”，它认为掌握主权的国民，法律创制机关，行政机关与法官均要 60
服从本国法律。然而，这个国度的法律是一个由限制条款与审查条款构成的体系，是一个保障个人自由的体系。对于美国《权利法案》而言，它实际上是一部自由法案。它不能保证与落实人们对其街坊邻里所主张的各项具体权利，但保证人们自由行使其所享有的自然权力的法定范围。

因此在现代世界中，一些国家重在采用高效运转的执行机构；

另一些国家则重在强调对大部分事项不予以干涉的保证，甚至不惜以牺牲普遍安全的有效保障作为代价，而美国则走在这些国家的最前列。它的重要意义在于超过四分之一的欧洲大陆国家对《人权宣言》重新产生了兴趣。然而自本世纪伊始，美国对《权利法案》的尊重却有所动摇。

作为这些利益冲突的结果，法律在发展过程中一直呈现出在过度关心普遍安全利益与过度关心个体生活利益之间不断摇摆的立场。前一种立场给予被告人最低限度的尊重，同时也导致对立法机关所主导的惩罚性司法的依赖。这种制度具有从速从简、不受约束并且态度专横的特征；后一种立场给予普遍安全与社会制度安全最低限度的重视，同时也导致对司法机关主导下的惩罚性司法的依赖。这种制度受到严格控制，人们在所有细节方面通过
61 制衡制度与设置诉讼程序性障碍对其进行限制。在当前一代人的记忆里，人们也曾见过以万般柔情对待被告人的方式，这与针对基本人权的残酷手段以及德拉古式的严刑峻罚形成鲜明对比。类似的反差可能在刑事法律发展历程的缩影中得以发现，比如刑罚，它就在残酷与仁慈之间左右摇摆；而法律一度强调实体法律，一度强调诉讼程序，在两者之间摇摆不定。

刑事司法过程中与生俱来的困难

另外要注意的是，在评估某一时空刑事司法状况的过程中，人们应当承认某些一般性困难的存在，其中的某些困难恰恰与刑事法律的本质问题息息相关。人们极智穷思地构建了相应的司法机

构或行政机构,同时试图通过诉讼制度与刑罚命令人们如何行事及调节人们之间的关系。在尝试过程中出现的这些困难是与生俱来的,其他困难产生根源在于已知刑事法体系的实施时机。这类困难的存在范围可能要比人们想象的要广泛得多,并与当时的社会状况与经济状况息息相关。它们的产生根源在于与彼时普遍有效法律的最终目的或目标相关的种种理念,以及彼时人们对待法律与政府的普遍态度。

在这些困难中,人们必须将某些困难放在首位,即所有法律领域必须加以考虑的那些困难,特别是刑事法律中正在发挥影响的 62
那些困难,即现行法律诉讼生来就存在的种种限制性规则。就人们目前所掌握的情况而言,没有任何法律机关能够胜任全部的任务,而这些任务可能是人们希望通过社会控制的法律手段实现的。某些义务在道德层面上固然非常重要,然而却由于难以确定的原因而无法通过法律手段予以履行。这可以在家庭关系法院与少年法院的实际工作中得到验证,这些法院不断借用行政裁判所而不是司法裁判所的方法、目标与观点。在别无其他选择的情况下,人们总是求助于私力救济的方式,私力救济可能无须得到国民的批准,如妨碍家庭完整与安宁的事例。然而,以往的丰富经验表明,法律对此类最常见类型妨害的干预均以失败而告终,这一点也得到人们的普遍认可。致人伤残的加害模式是非常难于捉摸的,因此人们很难通过法律规范体系与诉讼机制对此加以构建,而法律替代性手段、预防与救济手段可能对个人自由构成难以忍受的干预。在许多情况下,一个家庭未来潜在的破坏者被禁止不得从事某些行为。然而,除藐视法庭罪的诉讼程序与上诉程序外,没有任

何迹象表明这些禁制令还具有何种后果。同样，许多案件毫无疑问地冤枉了某些人，同时还造成严重后果。这对于乏闷呆板而成
63 本昂贵的诉讼机制而言，这类案件的数量是微不足道的。有些行为，如街坊邻居之间的吵架行为，轻微损毁财物的行为，小打小闹的掠夺行为等，一直让大多数城市居民头疼不已。然而，这些鸡毛蒜皮的事似乎不具有充分的正当理由以启动成本昂贵的司法程序。对于现代城市中的法官而言，如何应对这类行为是其最需要解决的重要问题。

这里存在着许多法律无法应对的不法行为。然而当说及法律能够应对的不法行为时，人们仍然面临着障碍，即无论人们如何明智抉择与精心制定法律规范，法律规范本身还是不具有执行力，司法机构的正常运行必须依赖于每一个人。在某些方面，人们必须激励他们不辞辛苦地维护法律的正当性，这可能使人麻烦缠身。阿瑟·特雷恩[①]先生已经在其所著的小说《厨师与茶壶》(*the Cook and the Teapot*)中对此进行了生动描述。这其中涉及很多与时间有关、令人感到不便甚至生气等方面的事宜，人们在鼓励那些犯罪知情人挺身而出时必须要谨慎。人们千万不能让刑事法律沦落为巧取豪夺与报仇雪恨的工具。几百年来，法律制度始终致力于解决这个进退两难的处境，但并没有取得完全令人满意的结果。

鄙人在讲完现行法律诉讼所存在的种种局限性后，接下来开

① 阿瑟·切尼·特雷恩(Arthur Cheney Train)，美国律师与法律惊险小说作家。特雷恩最著名的作品莫过于描写法庭阴谋方面的小说。另外，他还生动地刻画了一个名为伊弗雷姆·塔特(Mr. Ephraim Tutt)的虚拟律师人物，这个人物被特雷恩刻画得如此成功，以至于伊弗雷姆·塔特成为“全美最知名的律师”。

始讲述刑事法律在民选政府的实施过程中所面临的种种困难，这也是必须要提及的。在欧洲大陆，各种刑事法律方面的著作已经指出，自1848年欧洲自由主义运动以来，刑事司法制度处于一种松弛状态。一直以来，陪审团在欧洲大陆刑事诉讼程序中所发挥的作用绝对令人大失所望。在上世纪民主主义思潮的影响下，陪 64
审团作为一项受人欢迎的制度被引入，它最明显的作用是带来了法律豁免权原则或者某些特定情形的减轻刑罚原则，这在美国刑事司法制度中仍然是非常引人注目的。下列问题，即国民对约束措施感到厌烦的问题，民众立法的专制政治理论问题、被统治者的同意及与自然法相关的种种理念等问题曾经从另一方面被论及过，因为这些问题影响到人们对法律的尊重。主权在民的政治理论非常幼稚，事实表明，该理论与私刑的大力提倡具有莫大的干系。人们无须调查当前那些颇具争议的事件，只需要读懂那些与罗斯福时期进步主义运动①相关的各种高谈阔论，就会发现一个人尽皆知的事实，即商人规避法律的行为被视为完全合法，原因是这些法律干涉了他们所选行业的经营行为。社会最底层的法律呈现出一种更粗陋、更直接与更易懂的形式，当人们认真思考社会最底层的法律受到藐视的原因时，人们千万不能无视这些现象。不

① 19世纪末20世纪初，由于美国国内贪婪和腐败之风的盛行，在美国历史上掀起了一场很有影响的社会运动和思潮，即所谓的进步主义运动。该运动试图促进包括政治、经济政策、社会公正和促进道德水准普遍提高等方面的改革。在这场运动中，美国总统西奥多·罗斯福发挥了关键性的作用，他通过《反托拉斯法》有力地打击了垄断集团，同时通过制定法律保护环境、保障劳工利益、保护食品安全，使美国得以重新焕发活力，进而跻身世界强国之林。其中，新闻自由、结社自由、政治竞选起到了决定性作用。

可否认的是，人们为优越的美国民主政体付出了一定的代价。有种观点认为法律出自于被统治者之手，法律的制定与否取决于他们的心情是否愉悦。当这种观点蔓延开来时，人们对法律的尊重之情似乎受到了进一步伤害。四十八家立法机关如同作坊一般在两年时间内，甚至在一年时间内制定出数量可观的法律，这种壮观景象使得法律规范看似昙花一般转瞬即逝。同时，这也使得它们
65
欠缺了一种庄严感与神圣感，而这种庄严感与神圣感被认为是传统法律规范自古以来不可或缺的，即使是国王通过议会所制定的法律也不例外，只有经过一种极不寻常的隆重仪式后，立法工作才算宣告结束。无疑，对法与法律不加以区分的做法是荒谬的，但是甘愿对两者之间的区别视而不见的做法也是荒谬的。有些人认为法律仅仅是其意志的表达或者构想，并对这些构想以一种从简从速的方式被不断提出的情景早已习以为常，这也是美国许多州的立法特征，它们可能想当然地将它们所认为的“真正法律”等同于真正的法。

在一个民选政府中，刑事法律、刑事司法与政治所存在的紧密联系是在法律实施过程中的另一个内在障碍，其影响尤为恶劣。人们必须要牢记这一点，即刑事法律与政治之间联系要比刑事法律与民事法律之间的联系紧密得多，民事诉讼的运用很少具有政治目的。共同的经验表明，刑事诉讼的背后可能存在党派政治。依据这种经验，人们担心刑事法律将沦为压迫工具，因为刑事法律在美国法律史上并不存在任何中庸之道方面的因素。此外，即使是在近代，人们也可以发现许多为使一个民族或一个阶级臣服于己而不惜动用严刑峻法的例子。在美国人口中，很大一部分人是

由其他国家的移民组成，在这些移民的原来国家中，刑事法律就是以这种方式运用的，这些移民进一步强化了由17世纪移民所引进的传统。17世纪的移民因宗教观点与崇拜形式的直接原因而受 66
尽了刑事法律的压迫。人们也可能认可以下观点，即在一个民选政府中，当多数派甚至是相对多数派运用所掌握的刑罚权，而势力强大的少数派或者温和的多数派对此绝不会反对的时候，这里有可能存在该权力滥用的现象。此外，人们必须承认在阶级冲突与产业冲突中，刑事诉讼可能既扮演着攻击武器的角色，又扮演着防御武器的角色。结果无论何时，当诸如此类的冲突还悬而未决时，刑事法律及刑事法律的实施就已经承受着某种压力。有人可能会产生这样的疑虑，即一方当事人或另一方当事人将通过控制诉讼体制或者司法体制而占得先机。因此在过去，国民一直不愿意赋予检察官或者法官本应拥有的各项权力与自由裁量权，于是，普遍安全的维护被置之不理，刑事诉讼也充斥着政治化的基调。当国民的良知如潮水般汹涌澎湃时或者说国民心中愤怒的火焰熊熊燃烧时，刑事诉讼很有可能强调的是壮观的表演场面，而不是效率；当国民的良知萎靡不振时或者说国民的注意力被其他事物吸引时，刑事诉讼在服从政治的情况下极有可能马虎懈怠，目的是怕得罪位居高位的达官显宦、统治集团或军事政治集团。

在一个民主政府中，刑事法律与政治的紧密联系将导致刑事法律负担过重的趋势。据说一直以来有“有关现代国家机能的主 67
要论据是立法机关的能力”。国民认为法律是普遍意志的表达，大多数人的当前愿望仅仅需要通过立法的正式表达途径，便能达到成为法律的目的。这导致在情况发展偏离预先设想时，人们将习惯性地向立法进行求助。有人指出，无论是美国民事制度还是刑事制度均存在一定的缺陷。这些人也期望着自己能够挺身而出，通过成文法的形式对此加以救济。然而，成文法能够提供救济的说法并不是绝对正确的。美国刑事司法制度存在许多令人感到不满意的特征，它们的存在已经是根深蒂固，远远不是成文法所能够解决的。其中，有些是成文法可以解决的，但更多的则是因为成文法的原因而变得更加糟糕。此外，因为人们已养成在任何场合下向立法进行求助的习惯，有两类立法司空见惯，尽管它们以毫无效用而臭名昭著。其中一类立法背后的原因仅仅是君主命令。只是因为“把它制成法律”这几个字，立法程序便会启动，目的是为接下来所发生的一切寻找正当理由，它依赖于所追求目标的实现；另一类立法意在“教化”，它旨在树立人们行事的目标典范，而不是规定人们应当如何行事的规则。对于善于思考的遵守者而言，无论以国家名义公布的目标典范有多么了不起，无论刑事法律的法律创制场面多么显赫，这些具有刑罚后果的律令的制定目的不是或者可能不是在诉讼程序中有效地加以实施。这使得人们对整个刑事法典疑窦丛生，它养成了人们不尊重法律的习惯，并没有作为宣言
68 起到教化人们追求美德的重要作用。法的实施在很大程度上依赖于立法者所认为的社会利益与个人利益相等同的范畴，然后在获得个人欲望支持的基础上得以实施其制定的律令。在刑事法律领域，罪犯逃脱法律制裁的欲望与亲朋好友对他逃脱法律制裁的渴望既强烈又主动。除非在执法过程中获得其他人请求的支持，否则执行部门很可能采用极其不严肃的例行程序，心甘情愿地从维护罪犯利益的立场出发肆意妄为。

刑事法律是报纸上出现的主要法律类型，因此，当非专业人士对法律进行思考时，他几乎十有八九想到的是刑事法律。狄更斯[①]在描述托尼·韦勒(Tony Weller)这个人物时，准确地指出了非专业人士在思考法律时的种种特征。在这个国家中，所有法院的业务工作均以老贝利街[②]的命令马首是瞻。在中央刑事法院，不在犯罪现场的抗辩事实是最重要的辩护理由，同时对于民事诉讼而言，它也是极为有效的灵丹妙药。关于以上的这一切，老练的韦勒先生心中再清楚不过。同样，外行人对所有疾病采用临时简单的治疗方式势必会对某些人造成伤害，虽然它迎合了众所周知的人类天性。马克·吐温[③]象征着哈克·费恩(Huck Finn)的父亲。他在发表长篇演讲的中间，停下来用脚踢开一只桶时，却被这只桶绊倒在地。相应地，当一个新法案即将起草时，非专业的立法者在本能的驱使下将自己的注意力转向刑事法律，每一部新法规至少在众多已规定刑罚的基础上再增加一种刑罚，这可能导致一次刑事诉讼的发生。任何司法机构绝对不可能胜任所有的任

---

① 查尔斯·狄更斯(Charles Dickens)，英国著名作家。主要作品有《大卫·科波菲尔》《匹克威克外传》《雾都孤儿》《艰难时世》《双城记》等。

② 老贝利街是英国伦敦的一条街道名称，意思是“老墙”，此处原为伦敦城墙的一部分，城墙拆除后改建为街道。英国中央刑事法院便位于这条街道上，负责处理英格兰和威尔士的重大刑事案件。该法院是英国最重要的刑事法庭之一，在英国刑事司法文明发展进程中发挥着重要作用。后来，人们便以“老贝利街”作为英国中央刑事法院的代名词。

③ 马克·吐温(Mark Twain)，原名塞缪尔·兰霍恩·克莱门茨(Samuel Langhorne Clemens)，美国著名演说家、小说家、作家，19世纪后期美国现实主义文学的杰出代表。马克·吐温的作品风格以幽默与讽刺见长，既富于独特的个人机智与妙语，又不乏深刻的社会洞察与剖析。主要代表作品有《哈克贝利·费恩历险记》《汤姆·索亚历险记》《王子与乞丐》等。

69 务，就像许多美国刑事制定法所预期的那样，即使律师也很少评估这些局限性对有效法律诉讼的影响。法律经常承受着“采取某种行动”的压力，不论这是否值得法律去做。在转型时期或扩张时期，这种趋势尤为明显，即除法律所适宜完成的事项外，法律还被要求实现更大的作为。毫无疑问，这注定最后以失败而告终，而这种失败也将给整个法律秩序造成伤害。人们亟须认真研究如何解决这个问题，即每年所制定的大量法律如何在不起诉的情况下便可有效地实现各自的目标。一般而言，人们按照如下的顺序使法律发挥作用：首先，人们求助于刑事诉讼的方式；在其毫无用处可言的情况下，人们于是向衡平法院、法定处罚权限不断扩张的禁制令与严厉即决的藐视罪寻求救济；最后，人们才向行政委员会进行求助。正式立法的过程中存在一种天真的信条，该信条如果用一句常见的措辞进行表达的话，那就是“这里应当有法律处理这种情况”。人们应当摈弃正式立法过程中的这种天真信条，这对于刑事法律效率的提升大有裨益。

人们对这种从速从简的公开复仇方式规定了种种限制，目的是对随意的集体自助行为进行规制。这是刑事法律的最初类型之一。从速从简的民众自助制度虽然发源于原始社会，但该制度背后的精神至今仍然十分活跃，它早已深深植根于人类的行为倾向，这是司法过程中始终不得不考虑的因素。无论何时，国民思
70 维只要进入兴奋状态，这里就会出现一种真实存在的风险，即刑事诉讼将搜捕任务作为己任。当报纸开始从事刑事侦查工作或在催促与推进刑事诉讼过程中占据主导地位时，这种风险将进一步加剧。

最近，新泽西州的霍尔-米尔斯案[①]为人们提供了这方面的例证，即刑事诉讼在报纸的推波助澜下将沦落到何种地步。在这个案件中，被告人沦为工具，如果他们是清白的，结果可能是极其不幸的。因此，刑事侦查程序必须服从于强制性的制约措施，构建旨在最大可能地将“暴众心理”排除在外并置于严密掌控之下的刑事诉讼程序。通过将案件办成铁案，反复斟酌评议以及严格遵循诉讼程式等各项要求，确保决定案件判决结果的是理性而不是激情与偏见。对于那些必须从事侦查工作与起诉工作的人来说，这些制约措施无疑令他们感到厌烦。在某种程度上，这些措施甚至必定对普通刑事诉讼的效力有所妨碍。这些措施存在滥用的可能性，专业辩护律师经常利用它们达到阻挠法律实施的目的。然而，刑事法律发展的历史进程总是时刻警告着那些试图废除这些制约措施的人们：这些制约措施是非常必要的，也是一种必要之恶，但这只不过是与刑事法律进行抗衡的另外一个内在困难。

在任何情况下，司法必须与事实确定相关的种种困难作斗争，

---

① 1922年9月16日清晨，两具尸体在新泽西州新布朗斯维克市的一处农场田间的苹果树下被人发现，死者为一男一女，男死者是爱德华·惠勒·霍尔(Edward Wheeler Hall)，一位新布朗斯维克市新教圣公会牧师；女死者则为埃莉诺·莱恩哈特·米尔斯(Eleanor Reinhardt Mills)，新教圣公会合唱团的成员之一。两位受害者生前曾长期保持着情人关系。在管辖权正式确定之前，犯罪现场受到前来围观群众的严重破坏，新闻媒体的报道也对该案进行了长篇累牍的评论。经过一番艰难调查后，警方正式将主要嫌疑人锁定为霍尔先生的遗孀弗朗西丝·诺埃尔·史蒂文斯·霍尔(Frances Noel Stevens Hall)、她的两位弟弟与一位表哥被指控犯有双重谋杀罪。1926年，四人正式出庭受审。审判的整个过程呈现出混乱不堪的热闹场面，很多行为有可能影响到审判公正，其中包括新闻媒体对该案的大肆报道以及人们在被告人有罪思维的主导下对被告人的种种不公正对待。

原因是事实的确定直接关系到法律规范的适用。在原始法中，作
71 为将事实问题交由超自然力量决定的途径，审判经常采用机械的神明裁判方式进行，有时也经常采用抽签方式进行。美国法形成了一套精密复杂并且与陪审团审判紧密相关的证据规则制度，律师通常将其视为事实确定的推理法。然而即便如此，这也仅仅不过是现代形式的机械式审判与对运气的诉诸。在英国阿道夫·贝克案[1]中，一位无辜的被告人两次被判决有罪，并因为另一个人的罪行蹲了好长时间的牢狱。如果人们深入调查的话，那么关键性证据将决定性地证实贝克是清白无辜的，然而，该关键性证据因与争执点无关而被排除。为确定与诉讼程序相关的证据规则是否得到了遵守，审判的整个诉讼过程需接受严格苛刻的审查。在此过程中，关于何为事实的问题很容易使人感到困惑。

在最近一个时期，心理学的发展使人们意识到证人证言所存在的种种内在缺陷，并初步为人们发明更合理的事实发现机制提

[1] 1895年12月16日，满头白发的阿道夫·贝克(Adolf Beck)被一位名叫奥蒂莉·梅索尼埃(Ottilie Meissonier)的未婚女士当街拦住，指控他利用虚假身份，骗走了她的戒指和手表。此前一年，警方接到了23名妇女的报案，她们都遭到了一名50岁左右白发男子的诈骗。在一封匿名信的协助下，同时通过体貌辨认与笔迹鉴定，警察与受骗妇女一致指认阿道夫·贝克就是此前名为约翰·史密斯(John Smith)的那个骗子。阿道夫·贝克则辩称在这些案件发生期间，他本人在南美经商，根本不在英国。南美的证人可以证明这一点。然而，警方没有去南美核实这一关键性证据。1896年3月5日，陪审团认定贝克有罪，阿道夫·贝克被判处7年监禁。当时，英国还没有建立上诉制度。贝克再三申诉，先后写了十次申诉书要求复查，直到1901年7月8日才获得假释。3年后，警察才将真正的罪犯绳之于法。英国内务部立即为贝克平反，恢复了他的名誉，并赔偿其5000英镑。阿道夫·贝克案暴露了当时英国刑事司法体制的重大缺陷。该案的平反促使英国国会颁布了《刑事上诉法》，改变了此前“一裁终局”的制度缺陷，实现了事前控制和事后救济的双重保障。

供了科学基础。然而,除涉及专家证据的相关事项外,人们很可能在相当长的一段时间内,还不能在现实中大量运用这些方法,这些方法与从审判经验中所总结的方法不同,也与从证据法所构思的方法不同。就刑事法律而言,人们不仅必须考虑发现罪犯的困难,而且也必须考虑到使无辜者入罪的风险,这里毕竟存在使证据的不可靠性进一步恶化的特殊情形。在最近一段时间中,美国刑事司法制度让如此之多的人明显逃脱法律制裁,以至于人们容易忽 72
略无辜者被定罪量刑的现实可能性。在最近发生的斯莱特案[①]中,苏格兰释放了斯莱特,他在被指控犯有谋杀罪而身陷囹圄18年后被宣告为无罪,并获得政府赔偿。对于那些仅仅盯着罪犯可能逃脱法律制裁的人们而言,这个案件值得他们认真思考与反思。人们必然主要依靠证人证言,但刑事审判涉及许多因情绪失控而导致的种种问题,而且此类问题要比民事诉讼中的问题要多得多,后果也要严重得多。不讲道德的人善于站队或者左右逢源。错误的言论与毋庸置疑的意见将影响那些认真负责的人们所提供的证

---

① 1908年12月,83岁的苏格兰女公民马里昂·吉尔克里斯特(Marion Gilchrist)在家中被人持枪抢劫,并被殴打致死。事后,凶手仅仅抢走一枚胸针。这时,一位名为奥斯卡·约瑟夫·斯莱特(Oscar Joseph Slater)的德国犹太移民进入了苏格兰警方的视野。在此之前,斯莱特曾经造访过吉尔克里斯特,有人曾经看到斯莱特试图出售一张有关胸针的当票。在凶案发生后的第5天,斯莱特离开苏格兰前往美国。苏格兰警方很快意识到有关胸针当票的线索可能是错误的,但仍将斯莱特引渡回国。1909年,斯莱特出庭受审。尽管他的辩护律师提供了其不在犯罪现场的证据,并辩称斯莱特早在凶杀案发生之前就已经制定了前往美国的计划,但陪审团认为斯莱特有罪。1909年5月,斯莱特被法院判处死刑。法院判决引起部分民众的不满,在20000名民众的请愿下,斯莱特被特赦为终身监禁。即使如此,很多人坚信斯莱特是清白无辜的。1927年,斯莱特案直接导致《1927年苏格兰刑事申诉法案》的正式通过。该法案赋予苏格兰刑事上诉法院重新审理已经定罪案件的权力。1928年,斯莱特被正式平反。

词，这也是司空见惯的情况。当双方当事人处于剑拔弩张的对峙状态时以及人们所面对的人又极度不负责任的情况下，证明难度将成倍增加。然而，美国律师至今还没有对影响刑事案件证明的相关问题（如不讲实话的目击证人，错误的言论与意见等）进行科学研究。人们在准则与惯例中所表达的实践经验是建立在比较简单情形基础之上的，而准则与惯例属于过于偏重经验法则的类型，它们中的一部分充斥于检察官与被告人之间展开的诉讼程序博弈。

除了这些一般问题外，人们必须另外考虑到警察集体荣誉感所导致的恶劣影响。英国贝克先生的不幸蒙冤事件将在很长一段
73 时间内依然是当代冤假错案的典型范例。它清楚地表明，冤假错案的发生在很大程度上可归结为警方给一位无辜者定罪量刑的决心，因为他们错误地认为无辜者确实就是罪犯。因此，他们不仅对那些证明贝克先生清白的材料视而不见，而且他们还竭尽所能地向检察官、辩护律师及法院隐瞒了证明贝克先生清白的材料，而这些材料有可能完全将国民的注意力引向正确的方向。无疑，警方认为这样做是正当的。在那些经验丰富的出庭律师所著的传记与回忆录中，人们可以发现许多有关警方证据效力的证人证言，大意是这些证人证言一致认为警方所提供的证据具有过度渲染以及严重歪曲事实的倾向，以致达到让人产生严重怀疑的程度。实际在斯莱特案中，有一位警官在坚信斯莱特清白的前提下，试图正确引导调查方向，但他被开除公职，并遭受到毫无根据的迫害。治安官巴兰坦（Ballantine）先生具有长期从事诉讼与辩护的经验，这使得他最有资格讲述这一切。他认为警察集体荣誉感生来就对犯罪集

团以及出庭作证的传统表示反感。在这种情感的支配下,宣誓作证不再被视为一件严肃的事情。特别要提到的是,警方还面临着将意见或推测告知报纸的诱惑,目的是“保证他们发誓认可这些观点。这种做法不利于他们明智地撤回这些观点”。以上种种做法均导致英国在审判过程中出现种种性质恶劣甚至生死攸关的不公正。此后,贝克案、艾达吉案①与斯莱特案使他的主张更具有说服力。人们可以一起好好研究弗兰克案②与施蒂洛案③,这两个案件

① 1906年,在没有任何证据的情况下,英印混血律师乔治·艾达吉(George Edalji)被指控夜间屠杀农场牛马并寄送有毒信件,被警方认定为犯罪嫌疑人,后被法院判处有罪,并处7年徒刑。在服刑3年后,包括柯南道尔在内的许多人坚信艾达吉无辜,在这些人的大力帮助下,艾达吉才得以赦免。乔治·艾达吉所遭受的不白之冤,与其说是诬陷者的手段高明,不如说是并不愚蠢的警方依据“肤色和种族歧视有意炮制了这一起冤假错案”。为避免今后类似冤假错案的再次发生,英国于1907年设立了刑事上诉法院。

② 1914年,亚特兰大一家铅笔厂的经理犹太人列奥·弗兰克(Leo Frank)被法院认定强奸和谋杀了该工厂14岁的雇员玛丽·法根(Mary Phagan),并因此被判处死刑。有证据表明,真正的凶手是这家铅笔厂的看门人詹姆斯·康利(James Conley)。但主要由于他是一位犹太人的原因,弗兰克便被判有罪,并被判处死刑。1915年,在死刑执行前又被改判为终身监禁。不久,弗兰克被一群自称为“玛丽·法根骑士团”(Knights of Mary Phagan)的白人暴徒从监狱里劫出来,并被这群暴徒用绳子绞死。在弗兰克被处以私刑后,乔治亚州3000多犹太人约有一半离开了该州。弗兰克的逮捕和审判导致了1913年反诽谤联盟(Anti-Defamation League)的成立。

③ 1915年3月22日清晨,查尔斯·B.费尔普斯(Charles B. Phelps)与他的女管家玛格丽特·沃尔科特(Margaret Wolcott)在一次抢劫案中被人用一支22口径的步枪杀害。费尔普斯的雇员,也就是最早到达案发现场的查利·F.施蒂洛(Charlie F. Stielow)成为警方的主要犯罪嫌疑人并随后遭到逮捕,原因是他拥有一支22口径的步枪。在法庭上,一位所谓的武器鉴定专家对施蒂洛的枪支进行鉴定后,得出杀害被害人的子弹正是出自施蒂洛这把枪的结论。施蒂洛被判处有罪,并处死刑。在他即将被执行死刑之际,有几位律师坚信施蒂洛是无辜的,他们说服州长同意延期执行死刑。最终,施蒂洛的枪经过再次鉴定,确定无疑地证明它不是凶手所使用的武器。随后,在狱中已经服刑两年的施蒂洛被宣布无罪释放。

的案情如出一辙。事实上，犯罪学的研究学者可以借用大量发生
74 在美国刑事审判中的案例证明他的研究结论。因为案件性质的差别，诸如此类的证人证言具有最高效力。毫无疑问，这类证人证言在普通案件中是非常可靠的。困难在于人们缺乏足够的渠道对案件加以区分，目的是弄清哪些案件已经遭受到某些因素的不当影响，治安官巴兰坦先生曾经列举过这些案件。

警察集体荣誉感也会稍微遭遇到来自某些人的抵抗行为，这些人包括被告人所聘请的常业型刑事辩护律师与被告人的亲朋好友。证明被告人有罪的材料要比证明被告人清白的材料既相对容易获取也相对有效得多。研究刑事司法的人们特别熟悉以下种种手段：胡搅蛮缠、社会压力、恫吓、要求维护种族团结以及获取同情等，旨在防止目击证人碍手碍脚，或者使他们保持沉默，或者使其改变证人证言。出庭律师的回忆录表明，美国现代城市在这些方面并没有发明出新的花样。无疑，与普通法诉讼紧密相关的个人自由保障为警察机关与常业型刑事辩护律师之间的博弈定下了基调。但是如果人们对警察机关抱有过多的信心，那么就会将美国司法体制定位于坚决而迅速地完成对警察机关所交付案件定罪量刑的任务。诸如贝克案与斯莱特案之类的案件即使是遇上最出类拔萃的警察机关与最优秀的法院也会发生。另一方面，如果警察机关不为人所信任，其所收集的证据受到质疑的话，那么各诉讼机
75 关之间将各自为政甚至相互倾轧，这将严重损害刑事诉讼的工作效率。人们可能最期待的是各诉讼机关之间应当维持合理平衡的状态，这种合理平衡的状态在《权利法案》的保证下是可以实现的。

一方面，与民事司法相比较，刑事司法面临的困难要更多。所

有法律面临最大的难题之一就是如何使法律规则的需求与自由裁量权的需求相一致。普遍安全要求司法制度在遵循法律规则与程式诉讼的前提下运行。在愈发强调并购安全与交易安全的情况下，经济秩序要求制定极为详细的法律规则。另一方面，当调节对象是人类行为而不是财产关系与经济关系的时候，道德因素扮演着更为重要的角色。道德层面的人类行为不适用于严格规则主义[①]。如果本着恐吓他人与满足公开复仇要求的目的，人们必须使罪刑相适应。如果要实现其他非常重要的目标，人们必须设法使刑罚后果与罪犯本人相适应。在贯穿始终的刑事诉讼过程中，人们必须依赖司法官员的自由裁量权。然而，在刑事法律领域中，自由裁量权存在的种种风险是显而易见的，所有的自由裁量权均存在滥用的趋向，滥用的后果不仅影响着普遍安全，而且还影响着生活或者自由。与在解决民事纠纷过程中滥用自由裁量权所导致的后果相比较，在解决刑事纠纷过程中滥用自由裁量权所导致的后果要严重得多。

最后，人们必须考虑到刑罚措施的先天不足。刑罚主要由刑
事法律加以规定，主要依靠恐惧作为威慑手段，试图营造出一种对 76
刑罚的普遍恐惧情绪，使那些即将实施犯罪的人清楚地感受到这种恐惧。然而，人们在法律领域的感同身受已经进一步确认了其他领域所存在的事实，即恐惧从来都不是完全意义上的威慑手段。包括激情、复仇欲望、嫉妒、对耻辱的恐惧（除非目击证人不会对其构成妨碍），或者甚至是贪婪在内均一直为犯罪极力地施加压力，

① 严格规则主义是一种竭力在司法活动中将自由裁量排除在外的司法理念。

刑事法律对人们所表达的威胁，即使刑事法律竭尽其所能，也因鞭长莫及而无法决定人类的行为方式。此外，严刑酷罚所带来的威胁很可能击败它们自身。事实证明，陪审团不愿意使具体的罪犯遭受重刑折磨，而重刑是热忱的立法者为抽象的罪犯制定的。同样，立法者所承受的压力导致他们对某些行为规定了刑罚，而陪审团恰恰不同意因此而对行为主体定罪量刑。人们如果要找具有启发意义的例子，只要看看本世纪前半叶有关禁止吸烟的立法就可以了。甚至是法官也以曲解法律而远近闻名，目的是避免运用他们根本不赞同的严刑峻法对被告人定罪量刑。当所有重罪犯都有可能被判处死刑时，美国刑事诉讼程序依旧在往日法官的操纵下避免在此时对这些人进行定罪量刑。无论人们在起草美国刑事法典时如何谨慎，无论人们在实施美国刑事法典时如何富有效率，与民事制裁相比，刑罚所存在的先天不足将对人们的决定产生不利影响。

Ⅲ 美国对英国刑事司法制度的继承 77

历史与法律

人们可能承认刑事司法主要存在三个要素，即人、体制与环境。司法主体是人，司法是人们通过法律制度与政治制度的途径实现的。同时，司法也离不开一定的社会环境、政治环境与经济环境。如果不植根于历史的话，那么人们对这些要素的理解将是一知半解，因为历史将给人们讲述许多有关人类来龙去脉以及人类本质等方面的知识，历史也将给人们讲述许多有关环境如何演变以及哪些事物是永恒不变且具有重要意义等方面的相关知识。然而，人们必然首先考虑其他要素，而不是这些要素。重要的一点是，司法主体最好由政治学领域的学者加以研究，司法环境的问题最好由社会学家或者经济学家进行研究。鄙人学识有限，只能对法官、基层司法官员、检察官与警察各司其职的法律制度体系进行一定程度的研究。同样，历史在此也将使人们明白许多道理。

再转向刑事司法所依赖的各项制度，人们可能将刑事侦查体
制、诉讼体制、裁判体制、刑事实体法与刑罚体制区别开来。没有 78
一个体制因为履行现在的工作而重新组建。每一项体制都拥有源自于对昔日经验通过传承、继承、借鉴改编等方式而形成的内容。

此外，在任何情况下，那些通过传承、继承或改编等方式获取的法律材料在参照某种时空条件与目标的基础上均将重新创造自身。对于刑事诉讼程序与刑事实体法而言，这种观点尤其正确。

刑事法律体系并不是由明确禁止的行为或事件并同时规定有明确刑罚后果的规则简单地堆砌而成。在任何已知刑事法律体系中，其规则的适用也不是一个一成不变地确定事实与将事实和预先精确规定的立法模式相匹配的简单过程。在某些普通法上的犯罪发生的司法辖区内，法院在应用那些用来裁定普通法上的轻罪的公认原则的过程中，拥有很多机会对所涉及的法律进行司法认定。对于法院来说，在以前从未出现过的情形中适用那些原则的尝试是非常必要的。针对普遍安全而此前从未出现过的威胁正在迅速蔓延，这些威胁的性质与危害程度还有待深入讨论。在缺乏足够途径以掌握全部相关细节的情况下，法院可能不得不对这些问题作出判决。同样，在成文法对全部犯罪进行规定与定义的情
79 形下，法律解释也是必不可少的。在提及被明确规定为法律的立法者想法时，法律解释不完全意味着是对立法者意志的确定。有些情形是立法者事先没有预料到的，因而法律并没有对这些情形作出明确规定，在法律必须适用于这些情形时，人们经常需要对此进行法律解释。在刑事法律领域中，刑法必须秉持严格解释的原则，该原则限制了刑事司法认定的范畴。现在，该原则较以前要松懈得多，即使在该原则所确定的相对有限范围内，司法机关也经常拥有变通权威性文本的较大空间。因此，除已制定的法律规则外，人们还必须考虑许多其他方面的因素，即使已生效的刑事法典的条款数量再多，内容再怎么详细。

正如鄙人在前面一篇演讲中所说的那样，法院在行使审判权时所凭借的权威工具由三种要素构成：律令、传统审判策略与已认可的理想体系。在这些工具中，大部分是惯例。从这个意义上讲，法律是“逝者用来统治生者的工具”，这句话确实有几分道理。

在构成法律体系的律令中，有些律令是流传下来的传统惯例，另外一些律令是通过有意识的立法程序精心制定的。传统律令的形成与发展离不开司法经验与法学理论，人们可以在法院判决与法律典籍中寻觅到它们的踪影。在法院判决与法律典籍中，人们
对法院判决进行分析、系统化整理与批判，并在参照将来可能出现 80
问题的基础上推演出逻辑后果。在借助律师职业传统技术的情况下，以上这些均作为具体案件判决的理由并有效地加以应用。在英国法官与律师的主导下，律师职业传统技术产生于 13 世纪至 19 世纪期间，随后风靡全世界所有讲英语的民族，并成为普通法的有机组成部分。

通常情况下，立法机关制定的律令均具有相应的立法依据，制定法也不是立法机关凭空创设的结果。在很大程度上，立法机关是在惯例习俗或法学理论的指导下制定相关内容，然后赋予其权威的形式。此外，立法机关制定的律令不得不按资排辈，与传统律令共同构成全部法律制度。司法解释与法理阐述必须将立法机关制定的律令与传统律令转变成为一个协调一致并且逻辑上相互依存的法律体系，否则相关律令不能保证为法院所知晓、查明，或加以适用，这些法院每年所要面对成千上万甚至是数以万计的案件。因此，司法解释与法理阐述在参照传统律令基础上，通过运用传统技术的途径对立法机关制定的律令加以彻底改变并明确将其表达

出来。司法解释与法理阐述完全是在传统背景下进行的，也是人们在进行司法解释与法理阐述时无法避开的。法律必须满足科学性的要求，这是文明社会生活中种种复杂现象强加于它的结果，这些现象也是法律在将来所适用的对象。

因此在法的组成部分中，效果最为明显的是传统要素，具有重
81 要意义的律令主要是传统律令，甚至立法机关制定的大部分律令在本质上也属于传统律令。在很大程度上，它们是立法机关作为权力机关对传统律令加以表达的结果。法律规范得以发展与适用的技术同样全部是传统技术。与此相类似的是，律令的解释、发展及适用等行为背后所蕴含的已认可理想也全部是传统理想。除非在了解刑事司法制度历史的情形下，否则人们对刑事司法机制的情况几乎是一无所知。

历史不可能给人们讲述所有发生的一切，人们提起诉讼所使用的材料仅仅是其中的一部分。人们必须了解诉讼主体、诉讼材料、诉讼情形与诉讼目的等相关内容，但是人们所提起的任何诉讼，无论其具有何种诉讼情形与诉讼目的，均以一种特殊方式受制于与诉讼情形与诉讼目的共同发挥作用的各种因素。在当前刑事司法制度下，人们必须对 19 世纪的美国刑事法与刑事诉讼程序进行研究，任务是使其与 20 世纪的美国刑事法与刑事诉讼程序相适应。然而，19 世纪的刑事法律，无论刑事实体法还是程序法，其本身都是历史产物，它形成于英国刑事法与 17 世纪及 18 世纪刑事诉讼程序等材料的基础上。拓荒时期的美国还是一个以农业为主的乡村社会，为适应这样的社会生活状况，所有被借鉴的材料需进行相应的改造。

从历史的观点来看,美国刑事法由五个要素构成:第一个要素是继承(或者说认可)的17世纪英国刑事法与刑事诉讼程序。鄙 82
人之所以说17世纪,原因是美国政治体制与英国政治体制在18世纪伊始就开始分道扬镳。在1688年之前,美国政治体制通常是以英国政治体制作为蓝本,但它属于英国斯图亚特王朝时期的政体类型而不属于现代意义上的英国政体类型。第二个要素是在美洲殖民地时期独立形成的刑事法律。殖民地居民极度欠缺法律常识,有时这反而有利于刑事司法改良,也有利于极具美国特色制度的产生,这些制度给美国法律体系留下了深深的烙印。第三个要素是布莱克斯通[1]所著的《英国法释义》(*Commentaries on the Laws of England*)。尽管这本书于1765年首次出版,但截至《独立宣言》(*The Declaration of Independence*)发表之前,在美国仍然处于使用状态的该书大约有2500本。该书首次出版的英国版本在美国竟然销售了1000本,这也超过其在英国本土的销量。在1771至1773年期间,该书的美国版正式面世。1779年,美国又出版了该书第二版。布莱克斯通从一开始就是美国法律教育的奠基人,他的学说被法官和律师奉为英国法的金科玉律,而美国继承或者接纳的正是英国法,即使布莱克斯通的学说由于存在偶然错误而使美国法存在瑕疵。第四个要素是后革命时期的英国法院判

① 威廉·布莱克斯通爵士(Sir William Blackstone),18世纪英国著名的法学家。他曾担任过法官与议员等职务。布莱克斯通自1753年起在牛津大学开始讲授英国法,1758年任英国法讲座教授,从而成为在大学开设英国法讲座的第一人。其主要著作《英国法释义》(1765—1769)系统地阐述了英国法,认为英国法可以与罗马法和欧洲大陆的民法相媲美。该书对英美两国的法学界和法学研究产生了深远的影响。

决。人们于19世纪期间对其加以改造从而使之成为美国法的组成部分。最后一个要素是与立法改革运动相关的美国制定法。这
83 场改革运动开始于革命结束后不久,并一直持续到美国内战。

因此,人们可以首先从在美国各项制度形成时期被接受的英国法律材料开始,接下来认真思考在当前如何对其进行有效改造的问题。

英国刑事法律在16世纪之前的发展状况

原始法律材料中有一些关于停战或治安的日耳曼法理念,这些理念仍然在美国刑事法中占据着一定的地位。它们所表达的内容是特定的人在特定地点与特定时间免于受到私斗的侵害。发生在特定地点,抑或特定时间,抑或针对特定的人的不法侵害行为,正是对权力机关的治安、保护或监护职责的冒犯,因为该机关担负着维持秩序或履行保护职能。在这个意义上,该不法侵害行为既侵犯了权力机关,也伤害了被害人。在盎格鲁-撒克逊人所建立的政府制度中,国王并不是唯一的权力机关,例如,教会的安宁也是神圣不可侵犯的。同样,在同一座宅院内,其中一个人受到了不法行为的侵害,另一个人同样可以主张自身也受到不法行为的侵害。随着更为明确的政治组织的兴起,国王在教会的鼎力支持下,其权力得到进一步扩张。在教会的教义中,国王成了法律与秩序的象征。随着以血缘关系为纽带的组织制度的解体,国王代替宗族成为蒙冤受屈之人的保护者。"王之安宁"开始合并或替代了其他的

种类的安宁，于是根据普通法，某种行为被公诉书指控为侵犯了 84
“王之安宁”。美国通过继承的方式，将该行为指控为侵犯了美利坚合众国的安宁与尊严。人们仅仅开始了解历史上与刑事法院管辖权相关的严格规则，而这仅仅是相关历史的冰山一角。

新泽西州最高法院公布了如下的判决结果：“一起行为必须在侵犯政府主权的情况下才能被指控为犯罪。”随后它又提出了另外一个问题：“某一行为在该政府管辖范围内发生并对另外一个政府主权构成侵害时，该行为是否构成犯罪？”新泽西州最高法院发表这个判决结果的起因是该法院所经手的一起案件。在这起案件中，一个人在纽约州境内开枪击中了另一个在纽约州境内的人，后者被带到新泽西州后便一命呜呼。根据当时纽约州的法律，纽约州不可能对加害人提起诉讼，因为受害人的死亡结果并没有发生在纽约州。另一方面，新泽西州的相关法律规定，“当任何人在海上或者不属于本州管辖范围内遭受到构成重罪行为的攻击或身中剧毒，并由于同一攻击或身中剧毒而在本州管辖范围内去世”的情况下，新泽西州可依本法的授权提起起诉。然而，法院认为，由于该行为发生在纽约州，立法机关无法赋予新泽西州法院对该行为的管辖权，即使该行为已经影响到新泽西州的普遍安全与一般道德，即使该罪犯已经在新泽西州出庭受审。

后来，北卡罗来纳州也出现了同样的问题。一个人在北卡罗
来纳州境内向边境线的另一侧开了一枪，结果击毙了田纳西州境 85
内的一个人。行为结果出现在田纳西州，但是行为主体不属于田纳西州法院的管辖范围。因为行为主体从未到过田纳西州，不是该州在逃的不法之徒，所以也无法通过引渡的方式对其进行管辖。

行为主体所在的州无法对其进行审判，而有能力对其进行审判的州既无法将行为主体捉拿归案也不能将其绳之以法。

非英语国家则奉行一种截然不同的观念：如果这里发生了一起犯罪，那它不是对君主安宁的侵犯，而是对犯罪主体所负的绝对义务的侵犯。苏格兰诉讼程序就是以罗马法为基础建立起来的，起诉书的结论并不是“该行为是对君主安宁与尊严的侵犯”，而是对此作出如下详细的论述，即被告人“应当处以法律所规定的痛苦刑罚，目的是震慑将来有可能犯下类似罪行的那些人”。犯罪就是扰乱治安的行为，因此美国法是以犯罪行为的轨迹作为法院管辖的基础，而不是以罪犯的社会危险性作为管辖基础，即使该罪犯仍然在社会上逍遥法外。从另一方面来说，罗马法起初一直秉持着如下理念：多行不义的罪犯具有社会危险性，因为神明很可能将他们的愤怒施加于庇护罪犯的社会。在国家作为受害者的情况下，对于欧洲大陆的国家而言，接受受害国法院管辖甚至世界各国共同行使审判权的现代管辖原则并不是一件难事。诸如此类的原则并不与以往固定思维习惯相悖，对于美国法院而言，除普通法历史
86 上的属地管辖原则外，要理解或接受任何管辖原则的概念并非是一件易事。

最初，行政功能与司法功能之间的差别并不是非常明显，这与它们在法律成熟期的情况不尽相同。在历史上，司法体制在很多情况下就是满足行政机关的迫切需要而产生的。无论对于高级司法官员还是低级司法官员，这个论断均同样适用。在古代，郡长在全国范围内行使着统治地方政府的权力，但是在 12 世纪，郡长因手中的权力过大而开始遭到国王的猜忌。在尝试许多权宜之计

后，国王通过任命治安官[①]，发现了一种有效掌控地方政府的途径。治安法官制度发端于14世纪的治安官制度，随后的成文法陆续规定了治安法官的责任，并使其管辖权得到扩张，这种情况一直持续到16世纪末。此时，委任令[②]的形式发生了改变，这使得治安法官制度受到了很大的影响，尽管该制度在英国自那时起一直保留至今。

在13世纪末之前，逮捕罪犯的职责一直由受害人的邻居街坊承担。当追捕罪犯的呼叫声响起的时候，每一个人都必须出现在现场，加入追捕罪犯的队伍，后来，逮捕罪犯的责任转移到治安法官身上，直到19世纪，治安法官与警察两者之间的职能才完全区别开来。治安法官在起源上属于以维持治安为目的的行政官员，该制度仍旧在保留其行政特征的前提下成为了司法制度的一部 87
分，而刑事侦查的启动也逐渐从司法功能中分化出来。最后，刑事侦查工作便由专门的行政机关负责，然而在16世纪末，诸如此类的专业化分工还是遥不可及。在美洲殖民地时期，出于对政府与中央集权制的猜忌以及后来新州在拓荒时代迅速的建立，导致司法机关从刑事侦查与维持治安的机关中独立出来，走上了自我发展的道路。于是，不仅所有的英语国家将两者分离开来（就司法机关的产生途径而言，这与欧洲大陆恰恰相反），而且即使在目前的

① 治安官制度大约创设于13世纪中期，起初治安官由地方上的地产保有人选举，经国王御准；自爱德华三世登基后，治安官则由国王来任命。治安官的职责在于维持治安，拘捕、关押并向王室法官控诉各类犯罪的嫌疑人，但他们无权对犯罪嫌疑人进行传讯和审判。自1360年始，治安官便被权力更大的治安法官所替代。

② “委任令”也可翻译为“委任状”。

美国与 19 世纪最后 25 年的英国，两种刑事司法机关的步调经常不一致或者甚至是相互矛盾。

起初，刑事法律并没有对预审作出任何规定。受害人的乡邻可随意处置他们在犯罪现场或者经过追捕而抓获的罪犯，至于其他的罪犯，则被交付现在所谓的大陪审团审判，或者根据验尸官勘验结果进行审判。16 世纪中叶的法律规定，不论犯罪是否发生，任何人均有接受一般讯问的义务。如果确为被告人所为，法律规
88 定在他被获准保释之前可对其进行讯问。后来，法律又规定可以对所有犯人进行预审。在这一方面，欧洲大陆纠问式诉讼程序为人们提供了再合适不过的例证。如果人们从当今立场出发对其进行审视的话，可以发现这种制度是由警察讯问制度与司法讯问制度混合而成的。只有在 19 世纪，该制度在英国才明确地成为一项司法制度。治安法官所主持的讯问制度具有双重特征，该制度最早出现在殖民地时期，与让人感到不满的警察讯问制度具有较深的渊源。作为一项法外制度，警察讯问制度兴起于美国。美国政治体制所一直坚持的分权制衡理念将该制度改造成为一项司法制度，同时宪法对诉讼程序提供了保障。在现代警察制度形成之前，该制度存在着空白，人们不得不在司法实践中采用法律之外的手段对其进行弥补。

在原始意义上的政治体制下，国王在其王宫庭院中处理公共事务，于是，国王的“法院”就是其行政中枢。在这里，政府职责全部由其所设立的分支机关承担，它的一个主要功能就是司法审判。国王在他的法院里听讼，或者他与他的法院（约定俗成意义上）一起进行巡视，亲自或在政府官员及顾问的帮助下进行司法审判。

随着政治组织的日益复杂与国事所导致的压力日渐增大，国王不得不将越来越多的案件委托给他的大臣或全权代表，司法意义上的法院开始出现了分化。在12世纪，英国逐渐兴起一种全新的诉讼程序，即作为国王代表的巡回法官[①]凭借一纸委任令可以在全 89
国范围内行使审判权。起初，除审判工作外，他们还代表着国王处理其他许多方面的工作。他们受托可处理所有类型的行政工作与政府工作。这里的委任令并不是标准意义上的法院标志，有些委任令规定了宽泛的管辖范围，有些委任令所拥有的权力则极为有限。然而在13世纪末14世纪初，这些委任令逐渐在确定的时间内解决争端，并且格式也开始固定下来。这里存在三类重要的委任令，即刑事听审委任令、处理未决犯人委任令与巡回审判委任令。第一类委任令面向的是刑事法官与其他相关人士，授权他们对发生在某些郡县中的犯罪进行调查、听审与决定提起公诉。第二类委任令面向的是代天巡狩的行政官员，这种类型的委任令有权把某地监狱中的犯人全部提出来审讯。经过一段时间之后，第一类委任令与第二类委任令的权力均由同一个人统一行使。第三类委任令授权代天巡狩的行政官员在争议地产所在郡县进行巡回审判（即确定土地自由占有权问题的诉讼程序）。它赋予其有限的民事管辖权。后来，这些巡回审判委任令均经过了改造，改造后的委任令囊括了分配给其他委任令的权力，行政官员的权力根据相

① 此处的巡回法官是指诺曼征服后不久，威廉一世向各地派出的巡回特派员。这些人代表王室法院处理当地的财政、法律诸事务，其管辖权范围依每次出巡时发布的委任令而定。

关法律的规定也得到相应扩张。在16世纪中期,法律规定在犯人被一种类型的委任令判决有罪的情况下,承审法官也可依据另一种类型的委任令对该犯人进行定罪量刑。

90 因此在前殖民时期,这些委任令已演变为法院,并成为普通法司法体制中固定的组成部分,负有审判职责的治安法官也拥有了固定的机构,即季审法院[1]或者一般治安法院[2],有权管辖整个郡县中除叛国罪之外的所有犯罪(尽管疑难复杂的案件将被移送巡回审判法庭管辖)。从此以后,小治安法庭开始与其他法院区别开来,许多法官有权根据法律规定予以处罚。虽然法院的数量成倍增长,但其体制的形成仍然处于早期阶段。法院的管辖权多少有些并行且重叠的意味,但如果案卷存在法律方面的错误,它们均需服从最终的审查。这种情况在19世纪体制松散并妨碍制度功能自我实现的美国达到登峰造极的状态。

原始法并没有对侵权行为与犯罪行为作出区分。除引发作为结果的私人决斗而危及治安外,不法行为是被害人及其亲属所关心的问题。但是在13世纪的英国,越来越多的人觉得犯罪远不是通过调整加害人与受害人就可以解决的问题。旧时以私人名义所

① 季审法院属存卷法庭,具有悠久的历史。自1363年以来,根据法令的规定,季审法院一年开庭四次。在各郡县由全体治安法官出席;而在自治市,则由一名记录法官独任主持。季审法庭过去在理论上享有对各种轻微违法案件(不包括伪造罪和伪证罪)和各种重罪等案件的管辖权。然而在司法实践中,季审法院常常将重大案件移送到巡回法院。季审法庭于1972年被正式撤销。

② 英国于每个郡设立,由两名以上治安法官主持审理、行使由治安委员会或特定制定法赋予的刑事案件管辖权的刑事法院。其中,每季开庭一次的被称为季审治安法院。不采取季审形式,在每年其他时间开庭的一般治安法院只存在于伦敦和米德尔塞克斯。一般治安法院于1871年被正式废除。

提起的“控诉”正在让位于以国王名义凭借刑事起诉书所提出的诉讼。对于任何一种犯罪而言，如果不是严重犯罪的话（不久之后，人们将其称之为重罪[1]），受害人则只能提起民事诉讼，而不能提起“控告”。治安法官代替了专门审理轻微刑事案件的刑事法官，“侵害之诉”也属于治安法官的管辖范围，后来，这种类型的“侵害 91
之诉”被认定为一种明显区别于其他犯罪的犯罪类型，于是人们便将其命名为“轻罪”。民事领域的侵害之诉演变为现在的侵权法，然而在过去的一段时间内，刑事领域的侵害之诉占据着更为重要的地位。因此在中世纪晚期，刑事法律无力应对许多针对人身与财产的严重损害行为。直至 16 世纪，这个缺陷才被成文法与刑事管辖权不断扩张的御前会议[2]所克服。成文法丰富了刑事侵害之诉的内涵，最后导致了不同的区分方式。按照不同的区分方式，“侵害之诉”一词逐渐主要指称民事不法行为；“轻罪”一词指称不法行为的法律术语，该不法行为的严重程度要低于重罪，“轻罪”也是起诉对象。

至于御前会议，与其说它是一个司法机关，倒不如说它是一个行政机关。一个好政府有必要号召行政机关与法律存在的种种缺陷作斗争。此外，行政机关与司法机关也无法被精确地加以区分，在起源上属于国王的行政职能与司法职能在这一时期也并未得到彻底的区分。对于诸如暴乱、暴力侵权行为、共谋伤害他人、企图

① 在美国，重罪是对某些比较严重罪行的统称。许多州的立法都规定重罪是指应判处一年以上监禁刑或死刑的犯罪。美国联邦和许多州的刑法典都规定了重罪种类或级别及与之相适应的刑罚。

② 御前会议是在英国宫廷里由各政要官员、法官、主教和贵族组成的咨询机构。

故意犯罪未遂、干涉司法、诈欺以及其他有违善良风俗或普遍安全的种种行为而言，人们对其应该进行镇压，而不是等待相关立法活
92 动。在都铎王朝强有力的统治下，御前会议拥有本身所需的行政权力，并逐渐使自身获得了一种司法权力。这代表着国王是正义的源头，其重要性不亚于国王作为“国父”的地位。正因为如此，御前会议能够确定各种特有并被人们所认可的普通法上的轻罪及原则。后来，这些轻罪及原则给人们提供了与普通法罪相关的一般性原则，甚至在殖民地时期，这种趋势仍处于不断的发展过程之中。然而，它取得的成就如此之大，以至于负责处理殖民地等各种事宜并由行政机关与立法机关主导下的司法制度从一开始就不得不接受相关指导。

以上这些就是与刑事法律相关的实质性内容与制度性事项，它们在前殖民地时期一直发挥着效力。由于间接影响的缘故，某些较为模糊的事项所发挥的作用也非常重要，同样，人们也必须将中世纪英国刑事法的时代精神考虑在内。在 16 世纪末，英国刑事司法制度仍然盛行邻人自助行为或者受害人及其近亲属私下寻求复仇的风气，也正是在这种风气的浸润中，英国刑事司法制度逐渐成熟起来。与此类似的是，在牺牲地方管辖权及封地管辖权为代价的情况下，英国刑事司法制度随着日益强大的王权而逐渐成熟，但它在实现司法功能与行政功能相分离的目标方面仍然有一段路要走。另外，英国刑事司法制度的成长与发展正值动荡时期，正处于为取得作为社会控制手段的重要地位而与政府展开有组织斗争的时期。现在，这是一件顺理成章的事。作为复仇的手段，它非常
93 野蛮残酷，对于任何严重的犯罪而言，唯一的刑罚就是死刑。作为

王权不断扩张的产物，英国诉讼程序不仅对以国王名义提起诉讼的被告人施加了沉重的压力，而且还要时时优先考虑英国王室的利益。英国刑事司法制度在起源上属于行政制度，并且时常流露出行政制度的气质。尽管英国刑事司法制度在本质上属于控告式诉讼制度，而不属于纠问式诉讼制度，具有明显的日耳曼法特征。然而，所有中世纪的守法主义者并未能够排除任意裁判的可能性，尽管这些人强烈要求审判程序严格遵守各项要求，即便是这样，仍然还存在着严重滥用职权的广阔空间。英国刑事司法制度的构建是政治组织社会与中世纪社会制度、宗族、教会及地产所有人之间相互斗争的结果，出于政治体制利益的考虑，英国刑事司法制度不得不强迫个人必须作出某种牺牲。宗教改革运动结束后的年代倒不如说是一个矛盾根源丛生的年代。这是一个敢作敢当的年代，这是一个殖民化的年代，这是一个商业冒险的年代，这是一个不信奉国教的宗教社团取代当局机构而迅猛发展的年代，这是一个以激烈竞争为特征的个人主义社会取代关系社会而大行其道的年代。人们设想出种种法律手段，其时代精神在于压制凌驾法律之上、对天下大治构成威胁的地方管辖权及领主。地方管辖权及领主对社会中的新兴社会群体持有敌视的立场，因为这部分人坚持的是理性主义而不是专制主义的立场，信奉的是革命的权利而不是被动服从的义务，认同个人理性而不是政府具有至高无上的地位，主张特立独行而不是因循守旧。

作为对刑事法律时代精神的回应及其在 17 世纪英国与美 94
洲殖民地时期的研究成果决定了美国刑事法的某些最具特色的特征，这与美国刑事法在 19 世纪的情况相似。

科克时代的英国刑事法及刑事诉讼程序

人们通常将“詹姆斯一世元年”作为美国法的起点。普通法一般通过立法程序予以公布或者由法院判决认定其在某一日期产生法律效力。普通法大体上决定了永久性殖民地开拓的起始时间，它具有更为重要的历史意义，比如令人注目的科克时代。爱德华·科克爵士①在伊丽莎白一世统治时期被任命为检察总长，在詹姆斯一世(James I)统治时期被任命为首席法官，他是普通法的守护神。《科克法学总论(第二卷)》(*Second Institute*)，即《〈大宪章〉与古代成文法的评注》，是理解美国《权利法案》的经典入门之作，美国《权利法案》的许多法律内容源自于这本书。《科克法学总论(第三卷)》(*Third Institute*)是有关国王之诉或者刑法的著作。它在美国政治体制形成之初是一部论述英国刑法的经典著作。《科克法学总论(第四卷)》(*Fourth Institute*)是有关法院管辖权的著作，也是论述英国司法体制的权威著作，而美国司法体制正是起源于英国司法体制。此外，正是在科克领导下，法院与王室之间展开了

① 爱德华·科克爵士(Sir Edward Coke)，伊丽莎白时代和詹姆斯一世时代最著名的法学家。他出生于一个没落贵族家庭，但接受了良好的教育。他曾经先后担任过律师、下议院发言人、伦敦市的副检察长和记录法官、检察总长、民事法院的首席法官与枢密院顾问等职务。科克主张普通法是最高法律，国王以本人的身份不能裁断任何案件，不能变更普通法的任何部分，也不能宣告以前的无罪为有罪。科克以其超群的法律意识，坚定的政治立场在捍卫普通法的地位，在反对教会和反对王室特权方面扮演着极其重要的角色。其主要著作包括《科克法学总论》与《科克论利特尔顿》等。

激烈的斗争，这次斗争的影响成为美国法律史上的一个决定性因 95
素。科克对法院与基本法以及制定法之间关系的设想成为美国宪法理论的基础。根据长期议会[①]的命令，科克所著的《〈大宪章〉与古代成文法的评注》一书得以出版发行。该书阐述了法政治学，该学说后来成为美国法中最具特色之处。因此，各种材料在科克时代得以形成，正是在这些材料的基础上，美国法才得以正式成型。

"英国上议院法庭"位居法院体系顶端。自14世纪伊始，出于审判目的的考虑，人们普遍认为"英国上议院法庭"指的就是上议院。王座法庭作出的判决如果存在"明显的记录错误"，那么该案件可根据纠错令进入审查程序。在刑事诉讼中，符合法定形式的案卷要接受审查，目的是了解刑事起诉书是否为有罪判决提供了正当的法律理由，了解符合法定形式的案卷中的诉讼步骤是否与普通法诉讼所规定的若干诉讼步骤完全吻合。这并不是对案件本身进行审查，而是对案卷进行审查。问题的关键不是被告人是否有罪，而是所有的诉讼规则是否在被告人被定罪量刑的过程中都

① 1630年，苏格兰爆发了反对英格兰的起义。查理一世为了筹措镇压起义的军费，不得已于1640年4月13日召集新一届议会。资产阶级和新贵族议员则借机要求进一步限制王权，赋予工商业更多自由发展的空间。但这些要求均被查理一世拒绝，而这次议会也于1640年5月5日遭到解散，历史将这一届议会称为"短期议会"。随着苏格兰起义影响的不断扩大，英格兰许多地区也发生了骚乱。在无力抵御苏格兰人进攻的情况下，查理一世于1640年10月同苏格兰人订立了停战协议。停战协议规定英格兰政府除每天应交付苏格兰人850镑费用外，还需另付给苏格兰30万镑赔偿费。为了筹措这笔费用，查理一世不得不于1640年11月3日重新召开议会。这届议会断断续续，一直持续到1653年4月20日，存续了将近13年的时间，故史称"长期议会"。

得到了遵守。成立于1907年的英国刑事上诉法院明确背离了审查刑事诉讼程序的构想，即主张规制诉讼的博弈规则而置案件本质而不顾的立场。英国刑事上诉法院重在调查具体案例而不是调查案卷是否符合法定形式。另一方面，以存在明显法律错误为由进行审查的观念被美国继承，这种观念由其逻辑性后果发展而来，并奠定了美国法院系统内所有刑事上诉程序的特色。

96 同时，英国上议院法庭对弹劾案件也具有管辖权，并且凭借褫夺公民权法案[①]与特别处刑法案[②]有权对"严重犯罪与轻罪"实施量刑。作为拥有无所不能立法职权的部分体现，英国上议院法庭可以对任何案件作出判决并以此作为法律创设的基础。英国上议院法庭甚至有时在未讯问罪犯的情况下，对其所留意的案件有选择地作出判决。因为联邦宪法的缘故，这种立法机关所主导的刑事司法制度被各殖民地立法机关以及州立法机关采用。在英国，自从依据特别处刑法案对卡罗琳王后(Queen Caroline)[③]提起控诉而宣告失败后，这种做法便被废止了。美国宪法禁止联邦政府

① 褫夺公民权法案多指由立法机关创设用于剥夺公民权利及没收财产的法律。根据这类法律的规定，公民个人可不经司法审判而被处以死刑或其他特别刑罚。美国宪法及州宪法分别禁止国会及州立法机关通过这样的法律。

② 特别处刑法案通常由上院(有时也可由下院)对可能被处以死刑以下的叛国罪、重罪及其严重渎职犯罪的某一个(类)人提出的，可不经普通方式审判即处以刑罚的法案。

③ 卡罗琳·阿米莉亚·伊丽莎白(Caroline Amelia Elizabeth)，英国国王乔治四世的妻子，但乔治四世试图结束与卡罗琳王后的婚姻，成立了一个委员会，授权其以王后通奸为名收集证据。后来乔治四世将搜集得来的证据提交国会，同时依据《特别处刑法案》要求对卡罗琳王后进行审判。由于广大民众站在卡罗琳王后的一边，所以这次针对卡罗琳王后的审判最后以失败而告终。

与所有州采用这种做法。某些美洲殖民地的立法机关可以依照特别法令同意对案件重新开始审判。独立革命后，这种局面仍旧如此。若不是在 19 世纪早期的时候，所有州宪法均普遍规定了分权制衡条款，这种做法还不一定被正式终结。然而，弹劾案件仍然如此。美国许多州均拥有一般上诉管辖权，以纽约州为例，在 1847 年之前，参议院一直是该州的最高上诉法院。直到本世纪的前半叶，立法审查才完全从美国政治体制中废除。时至今日，美国上诉程序中仍留有立法审查的烙印。

英国上议院法庭所拥有的刑事管辖权象征着立法机关主导下的司法制度。由国王与御前会议主持的星座法院[①]所拥有的刑事
管辖权象征着行政机关主导下的司法制度。根据科克的观点，星 97
座法院所审理的案件不仅“数量巨大，而且不属于法律的管辖范围”，而其他法院则可能认为这些案件不“应当予以定罪量刑”。这是对普通法体系中刑事法院的补充，如同衡平法院是普通法体系中民事法院的补充一样。它不仅可以审理诸如自然犯之类的犯罪，而且还可以审理那些为法律所禁止的犯罪，星座法院的权限更多依赖于当时承审法官的个人见解。就起诉（申诉）或控告、讯问

---

① 星座法院是由英国枢密院于 15 世纪时所设，系英国国王掌握的专门审理政治案件的刑事专门法院及历史上受理刑事诉讼的衡平法法院。星座法院因其审理场所威斯敏斯特王宫大厅天花板上画有一颗星，故名。星座法院的法官多由枢密院议员担任，主要采用罚款和徒刑的方式处理案件。星座法院起初对镇压封建割据势力，维护中央集权与国家统一发挥过积极作用。然而，后来，该法院成为迫害先进人士与维护国王利益的工具，尤其在斯图亚特王朝时期，星座法院被用作镇压清教徒的工具。它因暴虐专横而受到民众的普遍诟病，最终于 1641 年被撤销。此后，星座法院成为专断司法的代名词。

被告人、询问证人及调查供述等各个环节而言，该审判程序较为简易。在17世纪的政治及宗教斗争中，星座法院愈发令人感到厌恶，并最终消亡。这类法院所具有的任意裁断、横行霸道与无法无天的传统（这种传统并不具有完全的正义性）给美国政治体制留下了特有的烙印，这主要体现在赋予被告人不受法律讯问的豁免权，人们对所有实现刑事司法个别化的机构具有根深蒂固的不信任以及人们对建立法治政府而不是人治政府的要求等，因为人治政府的统治必须依赖于个人权威而非法律。

刑事司法判决基本上属于王座法庭的管辖权限。在其所拥有的管辖权中，有三项为首的管辖权最为重要，这在《科克法学总论（第四卷）》中有所论述。首先，它对所有以王室名义提起的抗辩案件，即刑事案件，拥有初审管辖权；其次，它有权审查下级
98 法庭对所有刑事案件作出的判决；最后，它有权纠正那些“易于危害治安、压迫臣民或者挑起派系斗争、争议与争端，以及其他治国无方”等施政方面的过失。因此，如果人们处于监禁状态而失去自由的话，那么他（她）可凭借人身保护令[1]调查监禁行为的合法性，也可凭借禁止令[2]确保不同法院按照各自的管辖权限行事。于是，在严格遵守法律被视为行政权密不可分的基本要素的

① 人身保护令，原意为“控制身体”。该令状最初旨在将当事人押至法院或法官面前。16世纪时，人身保护令演变为普通法系的法官所签发的一系列令状的名称，功能是命令将被拘押之人交送至法院，以决定该人的拘押是否合法，对于非法拘押人则予以释放。

② 禁止令指上级法院禁止下级法院审理其无权管辖或超越其管辖权的事项的令状。

前提下，人们能够通过提起一般法律诉讼的途径对行政当局施政情况进行审查。

就这三项最重要的管辖权而言，人们根据第一项管辖权衍生出建立拥有混合管辖权法院的趋势，该法院集初审权与司法审查权于一体。直到 19 世纪最后 10 年，拥有混合管辖权的法院才在美国一些古老的州中消失，联邦法院此时才真正拥有混合管辖权。人们根据第二项管辖权引申出针对有罪判决的司法审查制度，该制度适当地取代了立法审查制度。另一方面，司法审查制度赋予了人们双重上诉的权利，然而自这种权利产生之日起，人们就开始寻求将其予以废除的途径。在某些州，具有管辖权的同级法院也可对罪犯的人身保护权进行审查，这类审查也令人感到不满。人们根据第三项管辖权衍生出针对政府的司法审查体制。该制度曾经一度导致政府所享有的法定权利陷入完全无法行使状态，这种情况在 19 世纪达到高潮。后来，在多种因素的相互影响下，这种司法审查体制导致了行政委员会制度的产生，它与传统制度迥然不同。

其他类型主要包括巡回审判组织、季审法院、前面已经提及的 99
小治安法庭，以及通过授权法令行使刑事管辖权的自治市法院[1]。在 16 世纪，季审法院通常由市长及某些担任高级市政官的治安法官组成，季审法院经常根据授权法令开庭审判。比较重要的自治

[1] 在英国，自治市指自从盎格鲁-撒克逊时代起那些筑堡设防的市镇。它们享有自治特权或者在议会中有自己的代表，具有自己独特的习惯、特权和法院。如果一个自治市有权管辖刑事案件，则它就有权拥有自己的刑事法院，即有权管辖刑事案件的自治市法院。有时，自治市法院经过发展，最后演变为该自治市的管理机构。至 17、18 世纪，多数自治市的刑事法院消失了。

市可能有一位拿薪水的记录法官[①]以及一位律师,这些人成为诉讼程序中真正意义上的法官。于是,法院的主持者实现了由非专业法官向专业法官的转变。

这种类型的法院从三个方面影响着美国司法体制。美国继续沿袭了非专业人士作为基层司法官员审理轻微刑事案件的理念;美国的某些州还承袭了设置市政刑事法院的理念,市政刑事法院的法官由市长与高级市政官担任。同时,记录法官也有可能担任市政刑事法院的法官;在美国的许多州中,郡县法院与市政法庭继续沿用着共同管辖权制度[②]。该制度直到本世纪才在纽约州消亡,但仍在美国某些地方占据着一席之地。

一般而言,科克时代的司法体制具有如下特征:即人们并未对立法权、行政权与司法权做出区分,议会与行政裁判所在刑事司法过程中发挥着重要的作用;同一法院经常被赋予案件的初审管辖权与复审权;初审法院在审理轻微刑事案件时由非专业
100 人士担任法官,或者由律师与非专业人士共同担任法官审理轻

---

① 记录法官是英国市镇一级法院的法官,具体指在季审法院中独任主持的治安法官。记录法官一般由出庭律师兼任。1971 年以前,英格兰和威尔士的记录法官一般都是执业五年以上的出庭律师,由御前大臣委派到各自治市独任主持季审法院,每年巡游四次。1971 年以后,记录法官则用来指被任命为一段时间皇家刑事法院兼职法官并已执业至少十年以上的出庭律师或事务律师。他可以在任何郡法院出庭担任法官,并可应邀担任高等法院法官。在北爱尔兰,郡自治市的记录法官可以在无陪审团参与的情况下审理一般民事案件,也可以在陪审团参与的情况下审理除特别重要的刑事案件外的其他刑事案件。

② 共同管辖权指两个或者两个以上法院对同一案件享有管辖权,原告可以选择其中任一法院起诉;也指两个或者两个以上立法、司法或者行政机关或其官员对同一事项都享有管辖权;以及普通法院和衡平法院的共同管辖,联邦法院与州法院的共同管辖。

微刑事案件等。所有的这些特征均可以在本世纪美国政治体制中得以发现。

科克时代的刑事诉讼程序正处于中世纪向现代转型的时期。它在英国王政复辟后现代化进程中取得了不俗的成就，而更多成就则是在1688年革命[①]之后取得的。影响美国刑事诉讼程序的主要是那些有关英国王室享有不公平特权的记忆，正如人们如数家珍一般谈及斯图亚特王朝对辉格党人[②]及政见不同者所提起的种种控诉。17世纪的法官被国王寄予了厚望，国王希望其能够积极参与由其主持的诉讼活动，如果法官并未对政治犯进行定罪的话，那么他的职位很可能就保不住了。被告人不能获得出庭律师的辩护，除出庭律师向其提供某些法律要点外。王室法官与王室法律顾问在法庭辩论过程中盛气凌人，甚至经常达到粗野蛮横的程度。改变这些恶习的热情在新世界非常高涨，这项任务主要是由来自旧世界的难民完成的，这些难民曾经饱尝这些恶习所带来的痛楚。甚至在17世纪，各殖民地还正在被说服废除普通法诉讼中苛刻严酷的部分，赋予陪审团最为宽泛的权限并对承审法官加以限制。因此从一开始直至20世纪，美国刑事诉讼程序便沿着一个明确的方向发展。

---

① 1688年革命是指英国资产阶级和新贵族为防止天主教复辟，在1688年发动的推翻詹姆斯二世统治的非暴力政变。政变后的英国改由詹姆斯之女玛丽二世与其夫君威廉三世共治。这场革命未有流血，故历史学家将其称之为光荣革命。1688年革命后，英国逐渐建立起君主立宪制。

② 英国辉格党产生于17世纪末，是英国自由党的前身。英国辉格党标榜实行“自由的、开明的原则”，反对君主制，拥护议会制度，辉格党人在宗教观点上多属各种教派的新教徒。19世纪中叶，辉格党与其他资产阶级政党合并，改称自由党。

科克在《科克法学总论(第三卷)》中详细阐述了17世纪之初
101 的刑事实体法。这一时期的刑事实体法由普通法罪、从爱德华一世至詹姆斯一世期间法律所规定的法定犯罪、这一时期法律的司法解释以及相应的司法发展成果构成。其中,普通法罪是法院通过运用传统裁判技艺并根据历史悠久的日耳曼法律材料与中世纪法律材料进行判决的结果。科克并没有试图对这些材料进行系统化整理,甚至没有按照字母顺序对其进行排序。在《科克法学总论(第一卷)》(*First Institute*)中,科克采用利特尔顿[1]的土地保有权的观点,对历史悠久的土地法进行了系统阐述。在《科克法学总论(第三卷)》中,科克无非是在每一个专门罪名下借用一个标题对现有法律材料进行汇总。很明显,这是科克按照他在其著作中翻找的先后顺序进行排列的。经过大约一代人的时间,直到黑尔[2]美国刑事实体法的体系才逐渐形成。

科克所著的不成系统的专题论文以及他对谋杀罪、入室盗窃罪、抢劫罪、偷盗罪与防火罪所作的阐述对当下的人们而言,都是关于普通法的权威论述。其中,人们可以发现许多残存规定,比如异端邪说、巫术、仿制金银(试图使用其他金属仿造金或银的行

① 托马斯·利特尔顿爵士(Sir Thomas Littleton),英国法学家。他曾先后从事过律师、普通诉讼法院法官等工作。利特尔顿爵士被公认为英国土地法方面的专家。代表性著作包括三卷本的《论保有》。

② 马修·黑尔爵士(Sir Matthew Hale),英国普通法历史上伟大的法学家之一。他曾担任过保皇党人的辩护律师。1656年至1658年,他成为一名普通诉讼法院法官。他在法律改革进程中以及促使查理二世复位方面发挥过重要作用。后来,他担任了财政署的首席官员,并在1671年至1676年间担任王座法庭首席法官。他的著作主要包括《国王诉讼的历史》《英格兰普通法的历史》等。

为)、夜间狩猎、先知预言、散布谣言、追捕呼叫、宗教改革后围绕是否接纳耶稣会士、天主教的反叛行为以及教皇训令的引入等事件而展开的宗教斗争等等。规定的许多具体犯罪表现了当时形形色色的社会状况、政治环境、思维方式及普遍安全概念。科克的著作 102
几乎没有规定诸如原则或通则之类的内容,这使得《科克法学总论(第一卷)》恰逢其时地为美国物权法奠定了坚实的理论基础。构成美国刑事实体法的材料从一开始就具有杂乱无章、体系凌乱与前后不一的特征,自那时起,它们便与这些特征结下不解之缘。斯图亚特王朝统治期间,清教徒遭受着来自宗教与政治两方面的控诉,蒙难的清教徒认为这是一个“神秘与狡诈的行业”,在读完权威著作的内容后,他们更是进一步强化了这种感觉。美国法形成时代的刑事实体法在这种情形下所产生的影响可能在晚些时候才被感知到。在当时,许多的美国法院拒绝采纳普通法罪[①]的学说,这为异常兴盛的美国法典化运动开辟了道路。

就刑罚而言,尽管科克时代并不处在中世纪的过渡时期,但是除此之外,为应对玫瑰战争[②]所导致的无政府状态,刑事法律一直处于绷紧状态。都铎王朝与斯图亚特王朝统治时期是王权横行的激进年代,神职人员在犯罪的情况下可以宣读其所享有的神职人

---

① 普通法罪依普通法应受惩罚的犯罪,有别于制定法所规定的犯罪。

② 玫瑰战争是英王爱德华三世的两支后裔:兰开斯特家族和约克家族的支持者为了争夺英格兰王位而发生的内战。此名称源于两个家族所选的家徽,兰开斯特的红玫瑰和约克的白玫瑰。玫瑰战争最终以兰开斯特家族的亨利七世与约克的伊丽莎白联姻而宣告结束,同时也开启了都铎王朝在英格兰的统治。

员特权[①]，在 15 世纪最后 25 年中，该特权的存在使得规定重罪的相关法律显得荒谬可笑，后来神职人员特权被一系列成文法取消。在科克时代，有八项罪行被排除在神职人员特权范围之外，至 17 世纪末期，有十二项罪行被排除在神职人员特权范围之外，任何被判处死刑的罪犯也是如此。就不享有神职人员特权的罪犯而言，所有重罪，其中包括过失杀人罪及盗窃价值超过一先令以上物品而构成的盗窃罪，均判处死刑。

103 凭借具有相当可信度的依据所推算的结果表明，在 16 世纪最后几年中，每年平均有八百人被执行死刑。科克在《科克法学总论（第三卷）》的末尾处对此表示深深哀悼，并饱含深情地写道：

> “如此之多信仰基督教的男男女女被绞死在那该死的绞刑架上，这是一幅令人感到十分悲伤的情景。被判处绞刑的人如此之多，似乎人们可以在广袤的原野上见到英国境内所有的基督教徒，这些人在仅仅一年之内便遭遇饱受耻辱的夭折命运。如果人们还有一点宽厚与慈悲之心的话，那么他将出于怜悯与同情而内心流血。”

对于重叛逆罪犯所判处的刑罚是绞刑、将犯人沿街拖到刑场、

---

① 在古代，神职人员特权专指神职人员所享有的特权或豁免权，具体包括两种权利：一是神职人员在履行宗教职责时享有免于刑事逮捕的特权；二是神职人员在少数特定案件中享有免于在世俗法院遭受刑事起诉和接受审判的特权，神职人员转交教会法院审判。在英国，这一特权后来扩大到非神职人员，但在 14 世纪时规定犯有重大叛国罪的人不适用神职人员特权。1827 年，英国正式废除神职人员特权。美国普通法将神职人员特权作为构建普通法体系的基础，但神职人员特权在独立战争期间基本被废除。

肢解刑。对于女人而言，无论她是犯有轻叛逆罪还是重叛逆罪，所判处的刑罚是将其沿街拖到刑场、火刑；对轻罪犯主要判处枷刑与鞭刑；使用暴力手段伤害他人的不法侵害人将受到以牙还牙的刑罚，根据受害人所失去的身体部位，不法侵害人也将被割除同样的身体部位；对轻盗窃罪犯主要判处割除双耳的刑罚；对于犯有其他罪的不法侵害人则判处烙刑；虽然罚金刑与监禁刑逐渐得到广泛适用，但陈旧过时的刑罚仍得到人们的认可。此外，所有重罪犯的动产与公民权均被没收或褫夺，这使得重罪犯的继承人再无继承财产的可能性。早在17世纪，与自然法学说相伴而生的人文主义理念正在颠覆诸如此类的刑罚方法。在《科克法学总论（第三卷）》的末尾处，科克出乎意料地以一种意味深长的口吻发出呼吁，号召以预防性司法代替惩罚性司法，这使他赢得"司法大厦 104
第一奠基人"的赞誉。直至17世纪末，强大的英国政府所采取的权宜之计就是倡导严刑峻法与无情控诉。在整个18世纪，新兴的经济斗争同样继续要求采用这些方式。此外，人们对其他体制毫无经验可言。人类良知正日益感到不安，对于奥茨[①]遭受残酷鞭刑等诸如此类的情况，人们所留的印象尤为深刻。甚至在17世纪，人们还在摸索对待刑罚立场的方式，这也是19世纪最明显的特征。

人们不可能像讨论中世纪刑事司法制度的时代精神那样，对

① 泰特斯·奥茨（Titus Oates），辉格党的积极拥护者，正是他制造了"天主教阴谋"的谣言，宣称正是由于王后的授意，天主教信徒正在策划一次暗杀英国国王查理二世的行动，目的是让国王的弟弟，天主教信徒詹姆斯取而代之，天主教即将在英国死灰复燃。该谣言在英国引发了长达三年的恐慌期。后奥茨以煽动言论罪而被捕，但后来在议会干涉下被释放出狱。

17 世纪刑事司法制度的时代精神进行讨论，它面临的问题更加复杂，基本理念也不是简单明确，并且刑事司法制度正处于转型时期。杰弗里斯[①]与斯克罗格斯[②]在任期间，英国司法制度正处于发展的最低谷，即便是这样，共和国时期的英国司法制度所呈现出的不成熟状态已经消失得无影无踪。人们可以发现，刑事诉讼制度从伊丽莎白（Elizabeth）到詹姆斯二世（James II）统治期间获得了实实在在的发展。但是，这不是中世纪的遗留产物，纵观其发展历程，它具有更为重要的意义，就人们的研究目的而言，这是非常重要的。17 世纪的典型特征是专制政府在整个欧洲的数量日益增多，旧体制下的法国君主政体，即路易十四时期（Louis XIV）的君
105 主政体是政治典范。对于个人而言，公法、国际法与刑法被逐渐认为具有最高效力的。在最后一位独裁者垮台后，人们却依然在使用那时候的方式发表言论与进行思考。中央政府对反社会行为进行了强有力的镇压，同时也强有力地镇压了自发的政治活动与宗教活动。在这个以人人从事科学研究与智力创新为特征且与以往截然不同的新兴世界中，这种现象日益让人感到难以忍受。中世纪以亲属关系为纽带组织起来的社会已经崩溃，满足此类社会需求而衍生的种种限制措施正在日益过时。代表“英国国民古老权利”的法院与王室之间展开了明争暗斗，其结果是政法概念应运而生，这也使得国家与臣民之间，社会与个人之间产生了必要的对立。普通法矗立于中间，充当着个人权利的保护者。科克就是按

① 乔治·杰弗里斯（George Jeffreys），英国光荣革命前的最后一任大法官（1685—1688），以残忍无情和贪污受贿而声名狼藉。

② 威廉·斯克罗格斯（William Scroggs），英国首席大法官（1678—1681），他在“天主教阴谋”审判中，被指控对被告人抱有极大的偏见。

照这种思路针对《大宪章》①(Magna Carta)展开评论的,美国《权利法案》的法律条款及其适用的全部时代精神正是其一脉相承的结果。这种思维方式在美国法中尤为典型,并从那时起一直困扰着刑事司法制度的有效运行,针对政府、刑事侦查及刑事诉讼的司法制约机制自形成之日起便遭到来自王权的嫉恨猜忌,所有减刑机制均是对中世纪刑罚残酷性的制约,它们的发展决定了接下来两百年刑事法律的时代精神。

清教徒革命②所带来的影响甚至更为重要。清教徒革命重在
强调个人道德价值,坚持不信奉国教,忠于个人良知,信任的是司 106
法行为而不是行政行为。人们应"与他人保持平等而不是高人一等"。政治团体与宗教团体同样建立于同意,即"自愿签订信仰自觉契约"的基础之上。人们应接受法律的统治而不是人的统治。在美国刑事司法制度形成时期,这些成为美国刑事司法制度的时代精神,主导着19世纪美国人民的思维方式。

布莱克斯通时代的英国刑事法及刑事诉讼程序

与科克时代(即殖民时代)重要性不相上下的是布莱克斯通时

① 《大宪章》是英格兰国王约翰在大封建领主、教士、骑士和城市市民的联合压力下被迫于1215年6月15日在伦尼梅特签署的旨在保障封建贵族与教会的特权及骑士、市民的某些利益,限制王权的宪法性文件,被公认为英格兰宪法自由权的基础。英国资产阶级革命时期,《大宪章》被利用作为争取权利的法律依据,并被确定为英国宪法性文件之一。《大宪章》也被视为美国宪法和《权利法案》的起点与渊源。

② 清教徒革命也称为英国内战,是指英国议会派与保皇派在1642年至1651年之间发生的一系列武装冲突及政治斗争。

代，也被称为独立时代。殖民地时期的制定法在18世纪初也取得了举足轻重的地位，美国初期的各项政治制度也开始根据英国斯图亚特王朝而不是汉诺威王朝的理念得到妥当安排。美国初期的司法体制采取了18世纪中期的形式，因此美国法院一直以来保留着英国斯图亚特王朝时期的某些特征。然而直到美国革命后的扩张时代，人们对于推动实体法向精细化方向发展的需求才变得格外强烈。布莱克斯通所著的《英国法释义》以及对英国国民古老权
107 利通俗易懂的阐释为发动独立战争相关的政治论战提供了各种得心应手的武器。在18世纪末及随后的一段时间内，人们使用了一种得心应手的表达方式用来满足法律发展期普通法的需求，这也进一步强化了这种后天形成的方式。布莱克斯通不仅是公认的英国法的集大成者，而且也是新式立法制度或者司法制度的奠基者，这也恰恰满足了新世界社会状况与经济状况的需求。

英国刑事诉讼程序曾经是现在仍然是独一无二的，这主要表现在诉讼由私人提起，公职人员在理论上可代理私人提起诉讼，但几乎不能行使任何公权力，与自诉无异。在普通法上，治安官与个人就逮捕事宜几乎处在同样的法律地位，治安官仅仅在逮捕犯罪嫌疑人时拥有稍微多一点的豁免权。在所有案件中，就应遵守的义务及无权讯问被捕犯罪嫌疑人等方面的事宜，治安官与私人遵守着完全相同的规定。正如詹姆斯·斯蒂芬爵士①所言，一位普通法上的治安官“可以被描述成以履行职务行为为目的而领取薪

① 詹姆斯·斯蒂芬爵士(Sir James Stephen)，英国作家、英国殖民地事务次大臣(1836—1847)。正是在他的大力协助下，《废奴法案》才得以顺利通过。

水的个人。如果这样说有人会介意的话，那么他可能是出于自愿而履行职务行为的人。”

在普通法上，如果犯罪受害人，或者某些感兴趣的人挺身而出担任控诉人的话，那么他应负责整个刑事诉讼程序，正如他负责普通民事诉讼那样。只不过在刑事诉讼程序中，王室检察总长可能凭借自由裁量权，通过中止诉讼的方式暂停该程序。即使王室司法人员、目前的检察长或者警察负责提起诉讼时，他们拥有的职权 108
在法理上仅仅等同于私人担任控诉人时所拥有的职权。

在英国，以国王名义提起的私人控诉制度独具特色，但这也导致了许多冲突。关于这一点，马修·黑尔爵士早在17世纪时就已经指出来了。然而直到1879年，检察长的职位才得以设立。在布莱克斯通时代，普通法体系继续发挥着效力，人们所公认的有关逮捕、治安官及检察官职权的法律曾经根据普通法体系进行调整，并与普通法体系共同发展并走向成熟。在首次进行的变革中，其中一项措施即是建立公诉机关，废除私人控诉制度。

由于书本中的法与行动中的法在实施过程中缺乏协调，这导致当前美国刑事司法制度存在着许多问题。组织严密的警察机关与公诉机关在以私人逮捕与私人控诉作为先决条件的法律制度下分别发挥着各自的功能。

刑事诉讼程序对于今天的人们而言，这是再熟悉不过的一项制度，它与布莱克斯通在《英国法释义》中所描述的刑事诉讼程序相比没有发生任何变化。关于逮捕的规定也未发生任何变化，尽管警察机关在19世纪的设立，自动手枪与汽车在20世纪的发明导致了与此前截然不同的犯罪情境。候审羁押制度与保释制度同

109 过去完全一致，只是若干个州依据法律对候审羁押制度与保释制度在细节上进行了各种修改。验尸官通过死因调查、起诉报告抑或是公诉书等方式启动刑事诉讼。在某些案件中，验尸官通过递交刑事起诉书的方式也可启动刑事诉讼。一般而言，刑事诉讼基本上没有发生任何改变，尽管公诉制度的引进引起了截然不同的变化。因为验尸官数量不足，某些法院用法医代替了验尸官。同样，某些法院已经开始依赖于公诉制度所得出的逻辑性后果，废除大陪审团制度，适当制止私人控诉。这是刑事诉讼中正常而必要的一个阶段，虽然这一改革进程极为缓慢。布莱克斯通在《英国法释义(第四卷)》中主要论述了传讯、答辩与争点、审判、判决、审查、缓刑与赦免等各项制度。19 世纪的立法改革运动导致了许多变化，这几乎完全消除了中世纪所遗留的制度痕迹，如追捕呼叫、诉讼过程中的扣押财产与剥夺法权、传讯时保持沉默的后果、请求庇护与神职人员特权、除陪审团审判以外的各种审判与褫夺法权及其后果等。在英国，早在布莱克斯通时代就已过时但仍然规定在判例集中的许多制度在 19 世纪上半叶的立法活动中被废除。

与《科克法学总论(第三卷)》相比，布莱克斯通在《英国法释义
110 (第四卷)》中对刑事实体法进行了合理的体系化编排。它更加全面描述了刑事法律的范畴，普通法关于犯罪的概念及刑罚的基本原理。意义明确的一般原则贯穿于刑事法律始终。人们按照逻辑顺序对若干种具体犯罪进行了编排，同时系统地对其加以阐述。这里确实仍然存在许多过时或者行将过时的内容，在立法改革运动将其清理之前一直存在。然而，这对美国而言几乎没有影响或

者说没有任何影响，立法在革命结束后的十年内就着手斩断与它们之间的联系。在农业社会向工业社会转型的期间内，处于工业竞争初期的英国也制定了一定数量的法律。因为这些制定法不同于美国的普通法，所以并未被美国接受。为适应不同社会状况与经济状况的需求，人们不得不对某些犯罪进行修改，而这些犯罪原本在布莱克斯通的著作中得到了详尽阐述。在这种情况下，人们不得不重新对某些材料进行充分研究，使其能够应对普遍安全所面临的种种威胁。值得注意的一点是，在只是对细枝末节进行修改的情况下，人们所接受的刑事实体法在多长时间内能够独当一面并充分发挥出其应有的功能。直至本世纪，除某些轻微犯罪外，美国刑法典几乎全部由确认性条款组成。布莱克斯通的《英国法释义（第四卷）》为美国刑事实体法的顺利发展奠定了基础，如果美国在这个基础上进一步完善刑事法律的话。正如美国完善民事法律那样，只要赋予律令体系以强制执行力，那么人们对此几乎就不会怨声载道了，美国并未这么做，则是出于其他方面的原因。

当谈及刑罚时，布莱克斯通与科克之间并没有太明显的差别。111
诸如对重叛逆罪犯处以沿街拖到刑场、肢解刑及对轻叛逆罪中的女犯人判处火刑的规定仍然存在。不享有神职人员特权并且被判处死刑的重罪数量已经增至一百六十种，这大约可简化为十七个大类，经过整理后规定的犯罪仍可能有五十多种，这还是一个可怕的数字。对于布莱克斯通时代的其他犯罪而言，可判处的法定刑有很多种，布莱克斯通对此进行了逐一列举，这些刑罚包括流放刑、放逐刑、徒刑、没收财产、断肢刑、烙刑、鞭刑、罚金、枷刑、械具刑以及漫水刑凳[①]等,在对英国法进行研究的过程中,布莱克斯通很少发表谴责性意见。但在18世纪人文主义哲学精神的驱使下,他在详尽解释此处的目录时,非常动容地将其称之为“令人感到十分厌恶”。当开始认真思考19世纪美国对待与罪刑相关一切本质问题的立场时,人们必须将这一点牢记在心。

如果从表面上看,18世纪刑事司法制度的时代精神似乎与英国斯图亚特王朝时期刑事司法制度的时代精神有许多相似之处,但是当人们透过事物表面看到暗潮汹涌的一切时,将发现两者之间存在天壤之别。对于17世纪刑事司法制度而言,最重要的特征是被中央司法机关与最高行政机关频繁使用以用来镇压那些被认
112 为对普遍安全构成威胁的行为。18世纪刑事司法制度的重要特征是保护个人自由,使其免于受到行政机关的压迫或者检察机关的不当起诉。强化美国司法特色的决定性因素是1688年的政治理念,在肇始于围绕议会改革而展开的明争暗斗中逐渐形成的有关法院与陪审团职权范围的观念,以及在当时占据法律理念主流地位的理性主义哲学[②]与自然法学说。

---

① 漫水刑凳是英格兰于17世纪初到19世纪初采用的一种用以惩罚泼妇、巫婆和娼妓的刑罚。行刑时,犯人被强制坐在一把木椅中,而木椅则用铁链条固定在水塘边或河边的一根长杆的一端,治安法官根据犯人罪行的轻重,决定将犯人投入水中的次数。

② 理性主义哲学是建立在承认人的理性可以作为知识来源的理论基础上的一种哲学方法,坚信理性给予人乃至于一切事物以最终的价值和意义。所谓理性指能够识别、判断、评估实际理由以及使人的行为符合特定目的等方面的智能。理性通过论点与具有说服力的论据发现真理,通过符合逻辑的推理而非依靠表象而获得结论,意见和行动的理由。人们一般认为理性主义哲学发端于笛卡儿的理论,理性主义哲学主要盛行于17—18世纪的欧洲大陆。然而,近代西方理性主义哲学家通过理性逻辑来构造人的自由,使自由背离了人的真实生活世界,成为一种理论上的虚构。

辉格党人在1688年所取得的胜利极易被诠释为个人自由反抗政府专制统治行为的胜利。两个多世纪以来，诸如此类的诠释一直占据着正统地位。这是不信奉英国国教的新教徒与政治革命者所信奉理念的胜利，是抵制权威的胜利，是私意解释的胜利，是议会与法院而不是王室拥有最高权力的胜利，是依靠陪审团而不是英国法官的胜利，是地方自治政府反抗英国中央政府控制自治市镇的胜利，这是强调个人理性而不是强调权威的胜利，这是坚持“革命的权利”而不是被动服从的胜利。

在科克所阐述的概念中，有两个概念在多个方面存在着逻辑矛盾，由于两者的重要性难分伯仲，以至于科克也难以抉择。这两个概念，一个是议会万能概念，另一个是普通法强制实行并由法院宣告的法律规制至上概念。前者在英国占据了上风，后者则盛行于美国。在英国，中央政府取得了胜利，虽然这个结果被独夫统治 113
垮台的表象所遮蔽。最终，国王成为国家的君主而不是统治者，高度集权的立法机关拥有全部权力，并且不存在任何法律规制。斯图亚特王朝曾经寻求通过使立法机关拥有最高权力的途径达到实现君权至上的目的。然而，拥有最高权力的议会正如垮台的独裁君主那样，并未在目前引起人们的无限遐想。按照英国的政治观点，1688年革命表面上看起来是小人物抗衡各方联合势力所取得的胜利，这种观点符合了拓荒时期世界的各种需求。此外，布莱克斯通在著书立说时所依据的是他求学期间的时代精神，而不是他执教期间的时代精神。与科克相似，布莱克斯通也几乎不可能在不受任何限制的议会主权原则与针对政党统治的法律规制原则之间进行抉择。在美国律师看来，布莱克斯通似乎进一步增强了科克观点的说服力。

美国也持有同样的观点。在美国人民心目中，总统或者州长仍然相当于都铎王朝或斯图亚特王朝时期的国王，是国家的统治者而不是君主，假如他有能力的话，可以通过国会或立法机关对国家进行统治。他必须这样做，尽管他可以对国会或立法机关置之不理。另一方面，他采用法治方式对国家进行统治，与立法机关与法院共同分享他的权力，同样也受制于法律的约束。假如 1688 年的种种理念一方面涵盖议会主权原则的话，另一方面则涵盖了法律对政治权威的规制、对行政行为的制约、地方自治、个人自由。在英国，议会主权原则缔造了一套高度集中的法律体制与行政体
114 制。美国则不存在此类拥有全部权力的管理机构，而是目前正朝着日耳曼小市镇主义[①]的方向稳步发展。

因此在美国社会制度的形成时代，关于地方自治的种种理念空前泛滥。在美国革命期间，这些理念使得军事行动难以协调同步，它有时候在关键时刻使得集中军事力量的目标根本不可能实现。这种情况妨碍着中央政府在每一次战役中的军事行动，并且一直持续到 20 世纪。从美国革命到联邦宪法通过的这段时间内，这些理念还导致了类似无政府状态的混乱状态，也导致人们对联邦宪法的正式批准怀有深深的敌意。在联邦宪法获得正式批准后，这些理念是导致十一条联邦宪法修正案产生的首要因素，这对

---

① 日耳曼民族原本以家庭为单位分散居住，后来随着生产力的发展，在拥有剩余产品的情况下，那些交通便利的村子便被整合成“小市镇”，目的是方便管理与更好维护自身经济地位。

美国刑事司法制度产生了意义深远的影响。如果美国刑事司法制度浸渍了这些理念的精神以及被这些理念的精神所主导的话，那么美国刑事司法制度似乎与当前经济秩序格格不入。人们必须将一元化的经济秩序与包括四十八种地方法体系外加互不隶属的联邦法律体系在内的体制进行对比，有时候两者之间齐心合力，通力协作，但是在更多的情况下，两者之间经常出现分道扬镳的现象。人们必须将组织严密、自由直接、富有效率的行动概念——这是工业秩序的典型特征——与制衡概念进行对比。制衡制度有效制约着立法与行政，将政治权力分割开来。该制度是一项处于罪犯与国家起诉行为之间保障个人权利的宪法性制度，它天生具有拥护地方自治行为的本能以及倾向于独立行政。出于对中央集权制的
恐惧，制衡制度对基于现实经济制度迫切需要而作出的简单应对 115
措施表示极度的不信任。人们必须将其与现代工业社会秩序的时代精神进行对比，因为这些在美国政治秩序时代精神与法律秩序时代精神的形成过程中留下了明显的烙印。

陪审团有权作出概括裁定。纵观整个 17 世纪，对于试图将刑事司法制度沦为政治工具的王室而言，陪审团所拥有的这项权力是其面临的主要障碍。布谢尔案[①]确立了如下原则：陪审员在行

① 英国王室在推行陪审团制度的过程中，为保证陪审团真正成为其统治臣民的有效政治工具，除通过任命自己信任的法官外，还规定法官具有掌控陪审团的权力，陪审团必须无条件地服从法官有关案件适用法律的指示，否则，陪审团成员将受到罚款、监禁、剥夺土地等惩罚。此做法一直延续到 1670 年，在英国陪审团审判制度发展史上具有里程碑意义的布谢尔案中才被终结。布谢尔案发生的导火索是国王诉佩恩和米德案。在该案中，威廉·佩恩(William Penn)和威廉·米德(William Mead)被控在英格兰教堂外集会，违反了当时的《秘密集会法》(Conventicle Act，该法禁止在英格兰教堂

使职权时只服从于自身的理性与良知，不得以藐视法庭罪对其进行处罚。小陪审团似乎是普通法捍卫个人自由的第一道防线。后来还出现针对书面诽谤与煽动人们造反而提起刑事诉讼的现象，它与议会改革发生在同一时期。人们极力主张陪审团可以自由作出推断，陪审团不仅是对法律进行裁断的法官，而且在针对书面诽谤与煽动人们造反而提起的诉讼案件中，陪审团也是对事实进行裁断的法官，这些成为自由主义纲领与改革方案中的重要内容。与此同时，殖民地居民对地方陪审团极为信任，将其视为对抗英国法官的工具。在陪审团被赋予极大权力的情况下，接受陪审团的审判逐渐在上一代人流传下来的自由权中占据首要位置。这种思维模式在美国革命期间及结束后十分盛行，因此人们在研究 19 世纪美国对陪审团过度依赖的现象时，万万不可将这种思维模式置之于脑后。

人们也不应当忽视美国法在刚刚获得自主发展这一时期的哲学理念。它自认为自身处于“理性时代”，它怀疑一切权威。它认
116 为仅凭借理性的力量，就可以重新制定法律与各项制度；它认为每一个人完全能够凭借自身理性去创设法律制度与法律规范；它认

（接上页）之外的超过五个人的宗教集会），陪审团认定被告在教堂外说话有罪，但拒绝认定被告非法集会。法官让陪审团改变认定结论，陪审团拒绝。法官于是裁决陪审团犯有藐视法庭罪，并将陪审团成员投入监狱。陪审团成员之一的爱德华·布谢尔(Edward Bushel)拒绝处罚，并向普通诉讼法院提起申诉，法官约翰·沃恩爵士(Sir John Vaughan)认为“不得仅因为陪审团宣布裁决而处罚它。如果证明陪审团成员有行为不当，该成员仍应受罚”，裁决撤销先前作出的对陪审员布谢尔监禁的处罚，从而废弃了几个世纪以来法院可以通过惩罚陪审员的方式威胁陪审团按照法官的意见作出裁决的做法，确立了陪审员不会因为拒绝听从法官指示作裁定而被追究法律责任的原则。

为法律权威源自于个人的自主同意；它认为国家与法律作为统治工具的产生属于外发型，并不像其作为公共服务机构的产生属于内发型。每一个人的自然权利才是永恒不变的现实存在，有条不紊运行的社会体制存在的唯一目的是保证这些权利的安全。人们必须处处小心翼翼地守护着这些权利，使其免于受到因社会体制的不良运行而引起的伤害。因此，这时期的哲学理念促使美国法律制度发生了重大转变，使其由过去对普遍安全的强调，转向对个体生活的强调。

117 # Ⅳ 19世纪美国刑事司法制度

美国刑事司法制度的形成背景

如果说美国刑事司法制度源自于17世纪英国刑事司法制度，那么它在18世纪时已经具备了明显的美国特征。美国司法体制、美国法律制度所组成的庞大体系与地位更加重要的美国普通法是美国在18世纪最后25年与19世纪前半叶取得的主要成就。其中，美国普通法是美国各州地方法中永久性的组成部分。许多美国法的规定均可以追溯到殖民地时期的制度与惯例，这样的例子比比皆是，但是基于最实用的目的，美国法律史据说起始于美国革命结束之后。殖民地时期的制定法差不多发轫于某些法院，马萨诸塞州在17世纪前半叶制定了一部规模相当可观的法令全书，但整体而言，殖民地时期的制定法在18世纪前仍旧局限于警察条例的范畴。在18世纪中期以前，司法主体是非专业的基层司法官员、军人、神职人员抑或是行政官员及立法机关的组成人员，而不
118 是现代意义上的法官。18世纪末期，《美国判例汇编》才正式出现。18世纪最后25年以及19世纪首个25年是美国法的形成时期，美国法在目前仍处于这个阶段，这也是英国法律材料被接纳的时期，也是由法学家、法官、立法人员与以演讲、写作为生的法学教

授等人对其进行改造的时期。美国法的许多时代精神源自于美洲殖民地时期，在殖民地时期，非专业的基层司法官员并不是非常了解英国法与英国诉讼程序，虽然已经注意到这一点，但他们仍然在未核实相关法律的情况下，凭借常识对这些法律随意加以应用，美国诉讼程序的某些典型特征即是此种做法所导致的后果。“自由与爱好创新”是美国形成时代的特征，人们可以看到这个特征在美洲各殖民地中得到了充分展示。

在人口数量稀少的拓荒时期社会中，简单社会秩序的维持任务也不过要求人们具备健全的常识。共同防御是人们关注的首要问题，对于那些胆大敢于冒险的人而言，他们均在后门安装了安全装置，以便在混乱时逃生。审判几乎不需要进行任何法律方面的准备工作。在很长的一段时间内，人们在殖民地法院内开展法律业务不需要掌握太多的法律技能或者法律知识。霍夫法官[①]在 18 世纪首个 25 年中撰写了一本有关纽约州辖区内海事法院的著作。他在该著作中写道：“律师与法官所做的仅仅是运用他们所熟知的一般法，完全不受海事法惯例的限制，而该惯例正是英国所实行 119
的。”海事执业律师是美国第一批专业律师，也是当时最出类拔萃的执业律师。霍夫法官对他们作出这样的评价：“他们确实是出类拔萃的公民。他们虽然对历史上的海事法知之甚少，但是他们能够想到完成业务的各种办法，并成功将其付诸实施。”缺乏专业技

① 查理斯·梅里尔·霍夫（Charies Merrill Hough），美国法官，海事法专家。霍夫大学毕业后曾以律师身份执业，是公认的海事法领域专家。他于 1906 年被西奥多·罗斯福总统任命为纽约市南部地区的地区法官。1916 年，托马斯·伍德罗·威尔逊总统将他擢升为美国联邦第二巡回上诉法院的法官。

能的人在自己并不擅长的专业领域内仅仅依靠常识与误打误撞也可以取得成功的。

17 世纪时，英国出庭律师曾经一度在马萨诸塞州执业。根据他们的证言，人们了解到基层司法官员对于法律之外所有必要与最低限度的规定均感到厌烦，法律从业指南是摆放在基层司法官员面前的最早美国法著作。这些基层司法官员所制作的卷宗表明他们是根据自身关于公序良俗的理解行使审判权的，虽然诉讼程序有些粗糙，但诉讼结果可以被人们所接受。随着经济的发展，某些殖民地逐渐要求法院应配备接受过专门教育的法官，并由精通法律的专业人员作为助手。美国法院在革命爆发前所做出的判决在法律发展时期很少被收入判例汇编或被援引。或许，殖民地时期留给后人最主要的遗产是由非专业人士担任法官的小治安裁判法庭制度，时至今日，除在较大的城市被都市法庭[1]取代外，这种法庭在美国依然流行。

在 19 世纪前半叶的美国与英国，人们通过立法与法院判决的
120 方式对传统法律材料进行了改造工作。在立法改革运动(1776—1873)进程中，很多的改造工作得以完成，其中，在人们所认可的传统刑事法律中，有关中世纪残酷刑罚的痕迹被清理得一干二净。更多的工作则是由法院判决完成的，其中包括改造早已被人们所认可的法律材料并使之适应商业冒险与充分利用自然资源时代背

[1] 都市法庭也被称为市政法庭、市法庭，美国若干州规定都市法庭主要在城市或城区设置。都市法庭通常对刑事案件享有管辖权，与违警法庭具有类似之处；都市法庭有时享有对小额民事案件的管辖权。在一些美国城市，都市法庭对小额索赔案件或是交通事故均享有管辖权。

景下以个人主义为特征的经济秩序形势，这也是一个人们特别厌烦管制并期望法律秩序说“行”而不是说“不”的时代。但是英美两国之间还是存在着巨大差异：在英国，这场运动使 17 世纪与 18 世纪的法律材料得以改造，使之满足以工业为主的城市社会不断增长的需求；在美国，人们对这些法律材料加以改造，目的在于使其满足以农业为主的拓荒时期乡村社会的需求。当以农业为主的乡村社会向以工业为主的城市社会转变的趋势在 20 世纪的美国日益明显时，一个包括法律制度、法律规范体系与法律诉讼程序在内的先进体系最终形成并得到确认，它旨在适应截然不同的社会与经济秩序。

书本中的法主要由历史决定，而行动中的法主要由舆论决定，这对于刑事法律而言尤为如此。在民事法律领域中，受害方亲自寻求法律救济，并以此启动维系法律秩序的手段，在刑事法律领域 121
中，这里仅有被正式任命的官员，由其负责启动侦查体制与刑事诉讼。然而，只有在引起国民强烈愤慨或与国民利益密切相关的事件发生时，官员通常才在强烈责任感的驱动下启动侦查体制与刑事诉讼。与理想要素具有紧密联系的舆论的确在法律中占据一席之地，已认可的社会秩序理想以及应然状态下的法律秩序理想是发展、诠释及适用法律规范的决定性因素，而社会中有关是非曲直的主流意见对这两者有着立竿见影的影响。人们所认可的理想一向是对过去舆论的系统表达，在当前舆论的压力下，这些理想不得不对自身的内容与形式作出改变。法官的个人理想左右着法官运用自由裁量权处理相关事项的结果，这有意或者无意反映着当前时空下有关法律秩序目的及用途的主流观点。除学说内容外，如人们欲了解19世纪美国刑事司法制度其他内容的话，则必须研究与美国刑事司法制度相关的种种理想，而这些理想在得以正式确定过程中受到了当时舆论的决定性影响。

这里存在四种方式用来审视政治制度与法律制度对于19世纪刑事司法制度的深刻影响。在某种意义上，人们如果从不同立
122 场进行评判的话，它们无疑是思维模式的四个阶段。本着便利的考虑，它们依次被划分为拓荒时期立场、自然权利立场、民主主义立场与实业家主义立场。

所有的社会制度与政治制度有时仍受到制度缔造者思维模式与行为习惯的影响。即使在第一批移民者后裔离世后的很长一段时间内，整个社会仍带有移民者的印迹：新英格兰具有清教徒的印迹；纽约带有荷兰移民的痕迹；宾夕法尼亚保留着贵格会教徒[①]的痕迹；弗吉尼亚留有保皇党成员的痕迹；南卡罗莱纳留有胡格诺派教徒[②]的痕迹；路易斯安那留有旧政权下法国人的痕迹；加利福尼

① 贵格会是基督教新教的一个派别，又称教友派或者公谊会。贵格会成立于17世纪，传说一名早期领袖在听到上帝的训诫时而发抖，故人们将该教派命名为贵格会。贵格会主张和平主义和宗教自由，反对任何形式的战争和暴力，尤其是坚决反对奴隶制。贵格会信徒因受到英国政府的迫害而移民到美洲。在面临清教徒迫害的情况下，大批移民到美洲的贵格会教徒只得定居在罗得岛州和宾夕法尼亚州等地。贵格会在美国南北战争前后的废奴运动中扮演着重要的角色。

② 胡格诺派是基督教新教加尔文教派在法国的称谓。胡格诺派将教育作为与天主教争夺教派势力、扩张宗教影响的重要工具。胡格诺派主要由反对国王专制、企图夺取天主教会地产的新教封建显贵和地方中小贵族，以及力求保存城市“自由”的资产阶级和手工业者组成。胡格诺派在政治上反对君主专制，曾于1562—1598年间与法国天主教派发生胡格诺战争，后因南特敕令而得到合法地位。后又遭迫害，直到1802年才得到国家正式承认。

亚中部留有西班牙人的痕迹；旧金山具有“四十九淘金者”[①]的痕迹；堪萨斯保留着自由土壤党[②]的痕迹。基于同样的原因，美国法律制度也属于典型拓荒时期法律制度。除沿大西洋一条狭窄的海岸线以外，人们只需轻轻刮开美国领土表层，便可随处发现拓荒者的踪迹。库珀[③]的小说《拓荒者》(*The Pioneers*)描写的是美国纽约州中部，因为该地区对于现代美国人祖先而言是家喻户晓的。经历美国内战的那一代美国人便是在位于阿勒格尼山脉与密西西比河之间所开辟的疆域内长大成人的，而那些参加过战斗的美国人又回来开辟了位于密西西比河与洛基山脉之间的大草原，两代美国人使人们不禁回想起在加利福尼亚发现黄金时的场景。这些人的祖辈仍然有人健在，并且定居在美国西部。另外，洛基山脉各州的拓荒者也并没有全部过世。1890 年，美国最后一个州向白人殖民者开放，并在本世纪正式成为联邦一员。123

① 1839 年，人们在加利福尼亚发现了黄金。与此同时，加利福尼亚作为一个州并入美利坚合众国已经是确定无疑的事情，而当西部发现黄金的消息传到东部后，美国政府立即敏锐地意识到此事对于美国扩大领土的重要意义，为了支持人们赴西部淘金，使加利福尼亚地区的人口能够达到以州的名义申请加入联邦的法定数额，同时也为了有足够的金钱进行西部建设，当时的美国总统波尔克证实了加利福尼亚发现黄金的消息。于是，怀揣着发财梦想的美国年轻人就这样踏上了西进淘金之路，当时许多人的打算是：吃一年的苦，换来今后的富足！由于他们在 1849 年动身西进，因此在美国历史中，这些人被称为“四十九淘金者”。

② 自由土壤党是美国资产阶级激进派在废奴运动过程中形成的政治集团。出于要求特区禁止奴隶制的共同目标，自由党、民主党人与辉格党于 1848 年在布法罗市召开的代表大会上宣布联合成立自由土壤党。从成立之初，自由土壤党便得到了农民、工人、手工业者和知识分子中激进阶层的强烈支持，虽然存在时间不长，但它在废奴运动中发挥过重要作用。

③ 詹姆斯·费尼莫尔·库珀(James Fenimore Cooper)，美国小说家。他是第一个在长篇小说中采用印第安题材的作家。代表性著作包括《皮护腿故事集》《间谍》《舵手》《领港员》《火山口》等。

萨姆纳教授[1]曾经说过:“在美国最糟糕的政治陋习中,有些陋习是在向大城市与人口众多的城市迁移过程中坚持某些准则与惯例的结果。如果在美国落后地区的城镇中,这些准则与惯例是非常方便的,百利而无一害。”法律层面上的陋习也同样如此。在乡村社会中,司法诉讼程序被视为场面壮观的表演仪式;在边疆社会中,人们具有自我申冤,了结宿怨,组织治安委员会,动用私刑的倾向;对于那些为人处事不符合当地公认道德规范的人们,他们会马上采取随意的法外手段对其施加压力。美国刑事司法制度具有许多令人感到不满的特征,以上种种现象正是这种背景的体现。

在拓荒者的眼中,他们自身的优点是独立自主与自力更生,无所不能,喜欢发明与创新,厌烦浮夸的繁文缛节,偏爱走捷径与直来直去。不过在当前高度组织化的经济社会中,这些特征绝非纯粹的优点,自力更生、厌烦规制与在紧要关头相信个人判断都是不可容忍的行为,比如当机动车司机在城市十字路口面对复杂信号灯系统的情况下。无所不能,对专业律师的不信任、对专家缺乏信心以及每个人能够胜任一切任务的自信心已经对当前这一代人产
124 生了某种猛烈的冲击。美西战争[2]可能是美国人民最后一次与这

① 威廉·格雷厄姆·萨姆纳(William Graham Sumner),美国最著名的社会学家之一,也是社会达尔文主义的代表人物,先后担任过基督教圣公会主事与美国社会学会会长等职务。萨姆纳曾在牛津大学、日内瓦大学和哥廷根大学攻读神学、社会科学和语言学。萨姆纳在耶鲁大学教授政治学和社会学长达 38 年之久。萨姆纳主张社会进化论,代表著作《民俗论》。

② 美西战争是美国为重新瓜分殖民地而与西班牙进行的一场战争。战争以西班牙惨败而宣告结束,西班牙属地古巴取得名义上的“独立”,波多黎各和关岛等殖民地被割让给美国,并在美国支付给西班牙 2000 万美元后,菲律宾的主权也被转让给美国。美国如愿以偿地控制了中美洲和加勒比地区,并取得向远东和亚洲扩张的基地。

种类型的志愿军军官并肩战斗，正是他们使得夏伊洛战役成为经典。正如人们发现医疗职业需要经过专业培训的医务人员一样，人们发现法律职业同样需要接受过良好专业教育的律师。自世界大战结束以来，作为对天赋才能信念的回应使整个民族不断进入高等学府深造。在政治领域中，人们在日益高涨压力的驱使下，不得不雇佣经过专业培训的专家为其提供公共服务。在过去，刑事侦查人员只要具有充沛的体能与公正的良知就够了。但现在对于这一点，人们已不像过去那样肯定了。当一项发明与革新仅仅为了满足个人的一时心血来潮而被应用于政治制度时，它在反应灵敏的经济社会中就不再具有任何价值，因为经济社会是一个以信用为基础并长期坚持冒险精神的社会。某些仪式方面的措施已经被证明身肩更为艰巨任务、人口更为拥挤的世界与更加稳定的社会中还具有某种价值。泰勒[①]与格兰特[②]很可能是美国最后一任身着便服或者列兵制服指挥千军万马的指挥官，现在，美国法官均身穿法袍。人们已经发现，如今的法庭礼仪趋向于根据繁重的日程安排能够做到有条不紊并且迅速地处理业务；人们已经逐渐了解到，法庭尊严与举止得当能够使人们尊重司法制度，从而使司法

---

① 扎卡里·泰勒(Zachary Taylor)，美国政治家，军事家，第十二任总统。他曾长期保卫着边疆阵地，在战场上屡建奇功，被人尊称为“机灵的大老粗”与“最大的英雄”。同时，泰勒也以粗犷直率、不修边幅、生活邋遢而远近出名。

② 尤利塞斯·辛普森·格兰特(Ulysses Simpson Grant)，美国军事家、陆军上将、第十八任美国总统。1843年，格兰特毕业于美国陆军军官学校(西点军校)，曾参加美墨战争，并于1854年退役。美国内战爆发后，格兰特先后担任志愿军团长、旅长、联邦军总司令等职务，取得了赫赫战功。格兰特爱好喝酒，在日常生活中比较随意，甚至有时作战也不穿军服。

制度得以有效运行。目前，许多新近制定的礼仪被公开指责为目无法纪，或被归咎于人们道德品质堕落的表现，而这些礼仪在过去恰恰是拓荒者明显的优点。当前，这些礼仪功能的发挥出现了紊
125 乱，抑或是拓荒者的后裔正在努力摸索这些礼仪适应都市文明与机器文明的途径。

说得更具体一些，美国拓荒时期社会具有三个特征，这三个特征对美国刑事司法制度产生了深远的影响。

美国拓荒时期社会多少有些亚杜兰洞①的意思。“那些债务缠身的人们，那些陷入困境的人们与那些心怀不满的人们聚集在了一起。”持不同政见的派系成员从内心深处对司法制度的脱逃者表示同情，这些人往往自然而然地将其称之为“只能到处流浪为生的流浪狗”。马克·吐温的小说讲述了向州长请愿请求赦免印第安人乔(Injun Joe)的故事，这是充分体现该倾向性的例证，因为漫画经常比照片更能阐明人物的典型特征。直到1909年，一位经验丰富的检察官在全国刑法与犯罪学大会上指出，当保守的美国人作为陪审员参加审判时，他已提前有了释放被告人的想法——“给那个家伙网开一面吧”。此外，对于已经掌控国内法与法律诉讼程序的持不同政见的派系成员而言，他们不打算回到恣意妄为、无法

① 根据《圣经》的记载，大卫离开迦特，进入扫罗的国土。为防止扫罗的迫害，大卫从迦特上行两里，在位于迦南地城市亚杜兰附近发现了一个可供栖身的洞穴。因靠近城市亚杜兰的缘故，该洞穴便被称为亚杜兰洞(Cave of Adullam)。亚杜兰洞为大卫提供了暂时的藏身之所。有人描述它是一个深邃的圆形地下洞穴，入口处有一低窗，与悬崖成直角；亚杜兰洞可以使大卫在必要时由一个城市潜逃至另一个城市。他的全家因畏于扫罗的淫威，也逃奔而至。凡受窘迫的，欠债的，内心苦闷的，都奔向亚杜兰洞，大卫自然而然地成为了他们的领袖。

无天的状态，同时很乐意在诉讼程序中处处为检察官设置陷阱，创造一切机会将人们的注意力由诉讼案件本身的是非曲直转移到诉讼程序细节等其他方面。

拓荒者或边疆开拓者关于19世纪甚至当前刑事司法制度的看法导致了另外一个极其不幸的影响。这些影响可能主要体现在杀人案件中有关精神错乱的法律以及对专家证据表示怀疑等方 126
面，并由此类的案件逐步扩展到司法的各个领域。1906年，克南(Kernan)先生在美国律师协会面前宣读了一篇名为《不法的法哲学原理》(*The Jurisprudence of Lawlessness*)的专题论文。在这篇论文中，克南先生系统地阐述了所谓的“不成文法”或者“高级法”[①]，这代表着上世纪人们对某些案件的看法，或者至少代表着上世纪边疆社会对某些案件的看法。这些案件包括损害家庭关系或者家族名誉的案件；诋毁家族女性成员的案件；针对其“名誉”具有重大影响的男性尊严进行侮辱的案件。在这些案件中，舆论为死刑判决提供了正当理由。直到最近，陪审团才对这些案件作出有罪判决。为了维护颜面，人们经常对此类行为提起诉讼，即使这样做的结果仅仅是给国民提供一次盛大的表演。因此出于将被告人与无罪开释的人送上绞刑架的目的，事实的虚构便成为必要手段。在这类案件中，标准的抗辩理由包括以下几种：如杀人时精神处于错乱状态；一个人因对方涉嫌侮辱自己或意见严重不和等原因开枪将另一位杰出公民击毙；自卫行为等。为使陪审团相

① 高级法指比实在法的单纯规定更有权威的规范，是自然法的主要原则。高级法是由永恒法和由阿奎那确认的自然法组成。

信精神错乱的抗辩理由，有人还请来了作为证人的精神病学家，就此类案件而言，精神病学家已提出了过多的理论。目前，这些理论被援用于“不成文法”根本不适用或较少适用的其他案件，这使得法院与立法机关曲解了精神病方面的法律，从而导致了逻辑上的混乱。

人们对上世纪刑事法律的出发点表示认可，即罪犯是具有自
127 由意志的人，具有辨别是非的能力。罪犯步入歧途是其自愿并且精心选择的结果。显而易见，如果精神疾病阻止或者破坏意志要件，抑或是妨碍是非抉择能力行使的话，那么犯罪将不复存在。正是在这个简单易懂的基础上，作为不成文法判例中的医疗律师、精神病学家凭借足智多谋的手段构建起一个包括诸如“不可抗拒的冲动”、“精神异常”及“轻率的主张”在内并且貌似合理的上层建筑体系。该体系并未对任何人构成欺骗，并且在表面上也符合法律的规定，所产生的法律后果也与舆论相一致。这些精神病学家所创设的理论也开始适用于其他案件，而这与当初创设这些理论的宗旨并不相符。与此同时，有关“不成文法”的舆论也开始发生转变。随着边疆时代的一去不复返，普遍安全在道德天平上的分量越来越重，每一个自由个人的所谓“荣誉”的重要性则有所下降。正如马克·吐温所说的那样，人们已经察觉出在惩罚杀人凶手的过程中已经铸成了大错，对社会构成威胁的不是杀人行为而是精神异常，人们本应该将精神异常规定为犯罪。法院与立法机关也相应地着手控制动辄以精神异常作为抗辩理由的行为。许多法院确实做到了这一点：对于犯罪构成双阶层体系的构成要件而言，法院将不再考虑其中以精神异常作为抗辩理由的构成要件。有些法

院制定了有关举证责任的仲裁规则，而这些规则与正统刑事法律的全部基本理论背道而驰。通过这些方式，这些法院也殊途同归，同样做到了这一点。有些立法机关试图通过采用多管齐下的极端手段达到这一目标。同样是以精神异常作为抗辩理由，某些法院在杀人案件与非法侵占他人财产案件中的处理方式各不相同。无 128
疑，在不久的将来，当更为合适的犯罪理论出现时，这些早已过时的反常现象连同一般原则将一起被淘汰。对于这些一般原则而言，这些反常现象属于极为不合理的例外。但是如果人们仅仅使法律貌似一堆裁定规则的话，那么它们仍将在很长一段时间内继续兴风作浪。

以前的“不成文法”判例一直在兴风作浪，正是由于它们的存在使人们更难于理解与精神病相关的法律。它们使得医学专家证据——实际上使得所有的专家证据——统统受到怀疑，并因此在“不成文法”判例逐渐丧失效力后至少一代人的时间里损害了专家证据在刑事诉讼中的合法运用。人们不应当忘记，普通法的审判观念中本身不存在任何错误，在普通法诉讼程序中使用专家证据的做法也不存在任何错误，虽然专家证据使得美国法及诉讼程序在该领域丧失了可信度。最初，专家证据的运用是征得了国民同意，同时迎合了舆论需求。但是，在出庭律师与医学专家的精心策划下，专家证据被大肆滥用，目的是使书本中的法与边疆社会理想所要求的诉讼结果相一致。毋庸多言，专家证据的过度滥用蔓延至美国刑事司法的所有领域，这背离了最初运用专家证据的目的。在人们淡忘其理由之前，这种滥用现象一直在兴风作浪。

边疆社会的种种理念（除为杀人行为提供正当理由外），拓荒

者对“通才”思想的信仰，对专家与专业律师的不信任态度等诸如
129 此类的原因共同导致了美国刑事司法制度在运用现代科学资源时的落后状态。许多法院仍然盛行着以下种种做法，如对陪审团常识的过度依赖、对承审法官施加种种束缚、通过对辩护律师作为证人所提供的证言发表评论意见从而达到阻止其有效参与诉讼的目的、坚信寻常百姓能够随随便便地对那些本应依赖科学方法与科学知识才能解决的问题作出判断（这些科学方法与科学知识是长时间不间断研究的结果）等。与现代科学成就相比，以上种种做法是这些法院优先采用粗陋原则与惯例的体现，这样做具有双面性：不好的一面是这些原则与惯例的出现改变了人们的生活；好的一面是这与拓荒时期的物质环境相协调，正是这种环境孕育了这些原则与惯例。

人们在运用法律手段调整社会过程中对各种约束措施感到厌烦，这个问题曾经从另外一个方面被论及过。为进一步增强该观点的说服力，鄙人对自然法学说与自然权利学说所导致的法律影响与政治影响也进行了论述，但是这些学说所产生的种种影响必须作为 19 世纪美国刑事司法制度的背景要素加以重点强调。《独立宣言》宣称，这些真理是不言而喻的：人人被赋予若干不可转让的权利，这些权利绝对不能通过与立法者达成直接合意或间接合意的方式进行议价出售；这些权利凌驾于法律之上，非法律所能及；法律存在的目的即是保护这些权利，使其绝对不能受到毁损。在 18 世纪，人们将这些权利视为抽象意义上的完美人格体所具备的不言自明的品质。在 19 世纪，这些权利被视为人们对自由这一抽象理念进行逻辑推断的结果。无论是这样还是那样，除某些公

认的基本原则外，这些权利的细节内容将取决于每一位思想家或 130
者作家对抽象意义上的完美人格体或自由所赋予的内容。人们认为存在标准抽象意义上的完美人格体，或者认为适用于所有人的自由理念均具有固定不变的内容，然而在利益发生冲突的情况下，人们却始终围绕着每一种情况的细节问题展开激烈的争论。在由同一种族所构成的拓荒时期社会中，这类冲突很少产生严重或者影响深远的后果。在人口多元化的工业社会中，人们无法也绝不可能就自然权利的细节问题达成共同协议。

实际上，产生于最后两个世纪的政治与法律理论使得每一位公民成为判断自身自然权利是否受到侵犯的终极法官。正如一个人所理解的那样，如果他的自然权利受到了侵犯，那么他有正当理由去拒绝遵守那些超越立法允许限度的法律规范；在其同侪与其他人就自然权利的违反事宜达成一致意见的情况下，他作为陪审员有正当理由对以违法为由而被起诉的同侪作出无罪判决。这里有一个原则，即陪审员负责裁决法律问题的原则属于极端个人主义的政治与法律哲学范畴。在诉讼进行到关键时刻，一位公民受邀担任法官，亲自裁决书本中的法是否以及在何种程度上被得以遵守与实施。作为负责裁决法律问题的陪审员，他不仅仅负责查明法律内容，而且还要裁决法律是否符合他的自身理想及确定法律的有效性。

在上世纪，这个原则的意义似乎是确认了每个人是生而自由的，有权对来自政府方面的压迫进行反抗。然而在当前，这个原则 131
的意义发生了迥然不同的变化。现今的法律必须承担比以前更为繁重的职责，原因是它所调整的人际关系与相互重叠的主张更为具体。在这个过程中，它还面临着个人异议的问题，并且这个可能性要比以前大得多。19世纪的政治家、政论家与律师习惯性地作出以下论断：私人裁决是一种超法律权利，当然，这个论断早已不合时宜。那些具体主张私人裁决的人们与坚持社会秩序理想的人们恰恰相冲突，后者则宣称私人裁决所适用的事项纯粹是不法之法所管辖的事项。某些头脑同样清醒并且心地善良的公民在其他方面对私人裁决提出质疑，这种思维方式如此根深蒂固，以至于这些公民也主张，即使宪法与普通法对被告人提供了周密的保障措施，也应实施首要法律，这是私人裁决向被告人所作出的保证。

19世纪后半叶，在盛行一时的斯宾塞哲学的协助下，自然权利学说又重新获得生机。斯宾塞[①]甚至不认可任何以牺牲个人自由为代价的公共卫生保障的法律。按照他的设想，即使是出于预防流行病的目的，强迫所有人打扫其房屋的做法也是错误的。在社会立法的年代，《卫生法》《公共住房法》《洁净食物法》及其他类似法律也是如此。许多人迫不及待地接纳了这种思维方式，在这
132 些人中，有些人在拓荒时代精神的影响下，对个人喜欢所做之事进行干涉的做法表示怀疑。还有些人害怕这种做法将动摇私有财产制，许多人将此类制定法视为主观专横的表现，同时也不具有自然法的依据。所有人认为应当亲自对法律进行裁断，比如应当在多大范围内遵守法律，以及应当在多大范围内实施法律，因此，执法呈现出间歇性的倾向，正如同某些灾难不时震撼着国民良知一样。

① 赫伯特·斯宾塞(Herbert Spencer)，英国著名哲学家、社会学家与教育家，也是社会达尔文主义的先驱。他最大贡献在于将进化理论适者生存应用于社会学。

这些法律可以说是毫无成效可言，这种现象不仅愈发触及都市社会相关的切身利益，而且加速了行政司法制度的出现，贬损了刑事法律作为实施手段的声誉，同时出现的还有在本世纪前半叶兴起的各种行政委员会。

各种民主主义理念与哲学学说同时坚定了拓荒者对待刑事法律的立场。美国政治体制起源于清教徒革命时期，在美国革命时期，美国政治体制被正式确立下来，从而获得了独立的地位。在法国大革命期间，美国制定了一部成文宪法。这时，人们关注的全部重点是自由而不是秩序；是权利而不是义务；是对政府行为的阻碍而不是对政府效率的促进；是政府迫害的危险而不是个人反社会行为的威胁。就政治层面的自由而言，自由发端于契约统治论。在杰斐逊[①]看来，社会契约是一份非常简单的合同，源自于双方当事人所达成的合意。该合同在双方当事人未能达成合意时则予以撤销。而法律约束力则是指被统治者的同意。在中世纪，法律约 133
束力是以权威作为基础；在 17 世纪，法律约束力则是以内在理性作为基础。处于 17、18 世纪专制统治时代的欧洲曾经宣称法律是君主最高意志的体现，现在法律则被宣称是国民最高意志的体现。人们很容易忽略集体同意或集体意志与个人同意或个人意志之间的差别。在 19 世纪的美国，许多地区毫无法律可言或者说完全不遵守法律规定，这些地区实施的是该地区的伦理习俗。这种做法

① 托马斯·杰斐逊(Thomas Jefferson)，美国启蒙思想家、政治哲学家，第三任合众国总统，独立宣言起草人及杰斐逊自由主义代表人物。强调代表人民利益的议会的至高无上的权威，相信国家权利，主张平等及严格解释联邦宪政的原则，思想和政策主张。

基于以下假设:通过宪法任命并经正式程序所表达的合意或者意志是可以被摈弃的。

导致上世纪司法陷入困境的另一个根源是民意万能理论与针对政府行为的制限理论之间的相互冲突。自美洲殖民地时期至少至安德鲁·约翰逊[①]遭受弹劾时期,立法机关宣称自身是唯一代表民意的机构。结果,法院与立法机关之间的矛盾替代了英国斯图亚特王朝统治期间法院与王室之间的矛盾。自革命结束后,对于与掌控立法体制的大多数人政治立场相对立的那些人而言,立法机关对他们的迫害也愈发司空见惯。同时,这也导致宪法废除了褫夺公民权的法案、特别处刑的法案以及具有溯及力的法律。
134 自革命结束后,立法机关试图以牺牲债权人利益为代价达到缓解经济衰退的目的,这导致宪法禁止各州制定有损合同义务的法律。然而,立法机关宣称自己有权就限制范围作出裁断,法院与肩负立法职责的议会自建国以来就一直争取赢得立法专断权。立法机关毫不理会《杰伊条约》[②]的存在,极度蔑视效忠派所享有的保障权利。为强制贬值通货进入流通领域而采取简易程序定罪手段,立法机关对宪法的各项保障措施置若罔闻,这些标志着美国宪法时

① 安德鲁·约翰逊(Andrew Johnson),美国第十七任总统。由于其在南方重建问题上采取妥协立场,又否决民权法案,与国会共和党议员的意见产生严重分歧。这使他在美国历史上险些成为首位被弹劾下台的总统(最终在参议院以一票之微避过罢免的命运)。

② 1783年英国承认美国独立之后,由于种种原因,英美关系仍旧非常紧张。为避免与英国再次开战,1794年11月,美国主动对英国做出妥协,委派约翰·杰伊(John Jay)赴伦敦,与英国缔结了《英美友好通商航海条约》(即《杰伊条约》),英美关系因此得以缓和。

代的开始。甚至在进入19世纪后,立法机关经常把法官召唤到他们面前,命令法官解释为何拒绝实施那些违反宪法规定的成文法,并声称自己有权就法官所作的判决对法官进行质询。为达到维护立法至上的目的,美国两个州中的许多法官被开除公职或者依照法律规定离职。此外,在成文宪法的影响下,正如德雷德·斯科特案[1]那样,政治问题经常成为一个法律问题,以至于法院判决有可能看似政治宣言,并有可能成为政治争议的主题。

结果,法律至上学说战胜了自称代表民意并同时标榜以立法至上的民主主义理念,在美国司法体制所制定的法律推翻成文法的过程中,人们对法律的尊敬之情也受到了影响,这种影响是绝对不能被忽视的。法律制定机关与法律适用机关之间的矛盾冲突持续不断,这种壮观场面也不利于法律在国民心目中树立神圣感。
在上世纪的许多法院系统内,成文法常常轻而易举地被法院判决 135
推翻,这种现象如此普遍,以至于人们对制定法缺乏尊重。与法官相关的选举式的司法制度、短暂任期制度、罢免制度以及法院判决的撤销制度就是这次长期冲突所产生的一些恶果。

① 德雷德·斯科特诉桑福德案简称斯科特案,是美国最高法院于1857年判决的一个关于奴隶制的案件,该案的判决成为南北战争的关键起因之一。黑人奴隶德雷德·斯科特(Dred Scott)随主人到过自由州伊利诺伊和准自由州威斯康星,并居住了两年,随后回到蓄奴州密苏里。主人死后,斯科特提起诉讼要求获得自由,案件在密苏里州最高法院和联邦法院被驳回后,斯科特上诉到美国最高法院。经过两次法庭辩论,最终9位大法官以7:2的票数维持原判,理由是斯科特是黑人奴隶。黑人奴隶是奴隶主的财产不是美国公民,无权向联邦法院上诉。除非通过正当的法律手续,不得取消此财产权,而就斯科特来说,并未办理过此种手续。这一判决引起北部各州人民的抗议,加剧了南部和北部围绕奴隶制度的斗争。

有些原则是人们极力主张的，如立法机关是国民意志的直接代表机关。正是由于该原则的存在，它作为国民意志的体现在法律上是无所不能的；另一个更早的原则是立法机关仅仅通过政府部门的相互协调而制定的法律便不容置疑。某些能够左右政局的拥护联邦党人的法官碰巧坚决投身于抵制杰斐逊民主主义理念的事业，根据《惩治煽动叛乱法》[①]的规定，许多人被提起刑事诉讼。其中，许多诉讼根本不值得称赞。当杰斐逊所在的党派占据上风时，随后接二连三的弹劾成为美国法律史上最令人诟病的特征之一。挑衅行为的性质自然非常严重，法院也顺理成章地深陷派系斗争的旋涡之中。如果民主在将来大行其道的话，负责法律规则制定与解释的最高权威机关便不会存在脱离国民直接控制的隐患。这里也同样如此：以上种种做法所导致的实际结果是法律秩序被削弱，拓荒者与政治哲学家关于法律规则干预自由的观点更加深入人心。

实业家遵守着美国工业社会秩序，正如同作为第一批移民的
136 拓荒者遵守美国农业社会秩序一样，这些人是现代社会中拓荒者精神的典型代表。他们早已经厌烦了法律对完全自由的工业活动所构成的种种障碍，这一点正如拓荒者对英国法律中的传统律令感到厌烦一样。在拓荒者看来，英国法律中的传统律令根本与新

① 1790年，美国联邦党与民主共和党都利用报刊等出版物传播主张，并借此赢得民众的支持。1798年，联邦党人以“意图阻止民主共和党煽动反对政府，维护社会稳定”为由，促成《惩治煽动叛乱法》(Sedition Act)的通过颁布，目的是加强对民主共和党的打击与迫害。随着法令的颁布与实施，除了民主共和党，还有众多报刊编辑与普通民众参与到反对法令的活动与争论中。

世界的地理环境、社会状况或政治条件格格不入。实业家对待法律所采取的态度也是事出有因，形成于以农业为主的乡村社会的法律材料始终不能很好地与其治理下的新兴工业社会状况相适应。这一点与拓荒者相似，行业领袖具有独立自主、精通各种技能，在要求法律变革的同时倾向于商业创新，追求预期结果时善于走捷径等特征，在他们看来（拓荒者也是如此），法律充其量是一种必要的恶。他们认为，如果一条法律规则对商业项目进行干预，或者仅仅对商业项目的某些细节问题进行干预，那么这里根本没有时间对该法律规则进行正式废除或修改。人们必须发现一条迂回解决问题的途径，这可能通过诉诸宪法，法律解释或者在必要的情况下采用似是而非的法律规避等方式来实现。他们经常表达对成文法的蔑视之情，同时要求法律应当符合其目的，为此在必要时候，可对其进行虚假解释。他们有能力凭借出众的才智将其欲望限制在适当范围内。以上这一切巩固了拓荒时期所形成的各种立法理念。这些理念确定了上世纪典型美国特色的立场。现在人们则开始将其称之为罔顾法纪，其中包括就守法问题允许私人裁决的原则；以专横荒谬为特征的立法性法规的构想；对内容详 137
尽的警察条例充满着根深蒂固的厌恶。人口拥挤的都市社会中的经济秩序具有高度专业化的特征，而警察条例必须与该经济秩序相一致。

人们在许多方面是自欺欺人，当他们在高谈阔论时，似乎一百多年前美国政治体制的缔造者及其追随者们始终采取依法任命的方式，而他们的后裔在当今美国却放弃这种方式而采用违法任命的方式。自革命结束以后，很多国民一般对殖民地时期及 19 世纪的法律置若罔闻，这样的例子比比皆是，令人浮想联翩。在美洲殖民地时期，贸易法案并不受人们欢迎，经常发生被侵犯的现象。一位外国人在仔细考察完纽约州后，写了这么一段文字："这里的居民以不可思议的手法从事着各种禁运品贸易。"霍夫法官曾经出版过一部著作，这部著作曾经论及发生在纽约行政区海军部的各种案件，这些案件也证实以上论断的确所言非虚。人们针对《印花税法案》①所进行的抵制，表明人们既不是单纯的被动消极，也不是给予法律充分的尊重。将船甲板上的茶倾入海里的那些人被世代年轻美国人誉为楷模。约翰·亚当斯②所写的信件见证了革命之前美国人身上所具有的那种匪气，正是基于这种血统，私刑、白帽队③与夜行骑士④才得以衍生。革命结束以后的经济衰退催生了

① 18世纪中叶，英国政府本着进一步控制北美殖民地和镇压印第安人反抗的目的，在北美大陆驻扎了大量英军。为给驻留北美的英国军队支付薪水，英国政府采取了向北美殖民地直接征税的途径，于是英国议会在1765年通过《印花税法案》。根据该法案的规定，殖民地的印刷品使用伦敦特制的带有浮雕印花税票的印花纸，进而上交印花纸的税费，违者罚款或监禁。该法案自产生之日起便遭到殖民地人民的强烈反对，激化了英国与北美殖民地的矛盾并加剧了抗税运动。英国议会最终于1766年3月18日通过决议，正式废除了《印花税法案》。

② 约翰·亚当斯(John Adams)，美国第一任副总统，美国第二任总统，《独立宣言》起草者之一，被誉为"美国独立的巨人"。

③ 白帽队专门指代19世纪末20世纪初由美国农民发起的一场非法暴力运动。最初，它通过仪式化形式的不受法律约束行为，旨在强行执行所谓的共同道德标准、正确的行为举止与传统权利。然而，这场运动自从美国内战结束后席卷美国南部最贫穷的农业地区后，情况就发生了变化，白人成员在经济利益与种族歧视的驱使下，开始使用暴力威胁被害人，这里的被害人通常是少数种群成员。在历史上，白帽队通常与臭名昭著的三K党、夜行骑士相联系。

④ 夜行骑士是指三K党员，也指美国南部夜间骑马为非作歹的人。

谢伊起义[1];新成立的国民政府因执法不当导致了威士忌酒暴
动[2];针对某个州宪法进行修改的要求引发了多尔战争[3]。在本世
纪,遵纪守法的行为所引起的起义、暴动或者战争数量呈比例增
长,禁止决斗的法律被接二连三地制定,并且还专门规定了非常严 138
厉的刑罚后果,但是,人们始终对这些法律置若罔闻,直至舆论通

---

① 美国独立战争结束后,积极参加战争的农民非但没有改善生活,反而处境更为艰难,各种税收纷至沓来,马萨诸塞州的税收竟多达农民收入的 1/3。谢伊起义正是在这种背景下爆发的。起义的领导人是丹尼尔·谢伊(Daniel Shays)。谢伊出生于马萨诸塞州,是美国独立战争时的军官,战功卓著。战后曾任一些政府职务,但马萨诸塞州的经济危机开始后,他和一些其他农民被迫背负债务,又被政府错误的政策压迫。1786 年,在忍无可忍的情况下,谢伊率领东部农民揭竿而起。因为缺乏斗争经验与寡不敌众等原因,谢伊起义最终被美国政府镇压。谢伊本人也遭到逮捕并被判处死刑。后经州长特赦,谢伊被免除死刑后释放。1825 年,谢伊逝世于纽约。谢伊起义促使华盛顿复出,担任美国首任总统,并修改宪法,建立强有力的联邦政府。

② 威士忌酒暴动是一场于 1791—1794 年发生在美国宾夕法尼亚州西部的抗税运动。1791 年,美国国会通过立法,决定对酿酒征税。这不仅是为了增加财政收入,加强联邦对内地的权力,也是为了减少全国酒类的消费,减少酗酒现象。税法沉重打击了以酿酒业为生的边民。1794 年夏天,宾夕法尼亚西部边民集会,宣布"要自由,不要酒税",并将征税官吏身上涂以焦油,插上翎毛,游行示众。这就是著名的威士忌酒暴动。8 月,华盛顿总统发布文告,命令反抗者息事还乡,之后,总统派联邦军 1.5 万人进入闹事地区,平息了暴动,暴乱分子在军队到来前就已四处逃散,因而军队没有遭到任何抵抗。最后有 20 名嫌疑人被捕受审,其中只有两人以叛国论罪,后被赦免。暴乱被镇压以后,威士忌酒消费税的征收依旧不是很顺利。1801 年,托马斯·杰斐逊就任总统后,美国国会便取消了该税。

③ 多尔战争爆发于 1842 年,是一场因修改罗德岛宪法而引发的革命运动,该运动以其领导人托马斯·威尔逊·多尔(Thomas Wilson Dorr)而得名。托马斯·威尔逊·多尔是美国罗德岛律师与宪法改革者,主张扩大该州白人男性的选举权,对立法机关的代表名额进行重新分配以便更好代表城市人口的利益。1841 年,在多尔的组织领导下,人民党最终得以成立。人民党召开代表大会,制定新宪法,实行选举。在人民党的拥立下,多尔于 1842 年 5 月 3 日当选为罗得岛总督。由于罗得岛旧政府不予承认,因而一度出现两个政府,并发生小规模武装冲突,这就是著名的多尔战争,战争以多尔的失败而告终。1844 年,多尔被指控谋逆罪,判处无期徒刑,但一年后即获释。

过口诛笔伐的方式才将该惯例彻底终结。新英格兰修建了第一所女修道院就引发了无数次骚乱，许多建筑物也在大火中毁于一旦。最安分守己的公民也公开反对《逃亡奴隶法》[1]，反对浪潮所涉范围如此广泛，以至于某个州的最高法院断然对该法的行使设置了障碍，尽管该法得到了宪法的明确授权。重建时期[2]出现了种种暴力违法现象，人们在组建劳动组织的斗争过程中引发了无数次的骚乱，那些仍然在世的人们对这些现象仍是记忆犹新。宪法第十五条修正案被漠视的现象一直持续至今。美国拥有某些历史悠久且延续至今的传统，其中包括个人与集体在法律面前均拥有自我肯定的自由，人们不会诉诸法律，尽管法律具有合理性；美国社会允许存在与其应然理想相抵触事物的存在，美国还有如下传统，即在感到受委屈时，人们可主张立刻采取行动，为自己讨回公道。

总体而言，19 世纪的美国是一个秩序井然与遵纪守法的国度。对于那些触犯法律并业已受到传讯的杰出公民而言，对于狂热主张私人裁决反对成文法的人们而言，对于凭借粗暴手段实施地区伦理习惯的人们而言，其行为背后的主要原因是每个人在各自理性指引下对具有更高权威的法律体系寄予发自肺腑的信任。

---

① 1850 年，美国国会为了缓和蓄奴制在南方引起的地区性矛盾，通过了《逃亡奴隶法》，该法案剥夺逃亡奴隶经陪审团审判和自我辩护的基本权利，甚至规定将其交由行政官员而不是司法机关审判，允许南方奴隶主到北方自由州追捕逃亡的奴隶。《逃亡奴隶法》引起了北方进步人士的强烈谴责。

② 重建时期是指美国历史上 1865 到 1877 年，当南方邦联与奴隶制度一并被摧毁时，试图解决南北战争遗留问题的尝试。南方分离各州重新改组其州政府，重新与联邦政府建立宪法关系，恢复在国会的代表权并在政府内部进行必要变更，重新确立南方邦联领导人公民地位的过程。

作为一个民族，人们从来不相信政府服务人类的水准能够与政府为本身服务的水准相提并论。对于那些遵纪守法的人们而言，他们完全也可能信奉自然权利学说及主权在民理论，认为人们的自 139
发行为与他们占据主导地位的理性及良知是相一致的，除形式外均合乎法律规定。指出 19 世纪思想领域中的守法主义与司法实践中的法外主义之间的分歧是一件轻而易举的事。人们也很容易证明下列命题在逻辑层面具有不连贯性：一方面坚持法治而不是人治，坚持将针对个人自由的宪法保障作为法律规范适用于普通法律诉讼程序，坚持法律至上等；另一方面，纵观美国整个历史，美国具有借助法外手段维护自由与主权在民的传统。美国法律与政治理论早已掺杂了不一致的因素，这使得美国的法律与政治理论在逻辑上前后矛盾。然而，美国政治体制本身却处于正常运行状态。

对美国这样一个社会而言，司法体制、刑事诉讼体制、刑事实体法以及刑事诉讼程序在上世纪前半叶就已经确定下来。人们必须注意到执法环境、犯罪类型与犯罪人类型，这是它们进行假设的前提条件。

至于执法环境，美国司法体制、刑事诉讼体制、刑事实体法以及刑事诉讼程序是以美国旧时代的农业社会作为先决条件的。过去所谓的城市，在现在看来仅仅是比较大的农村市镇，全国居民被预先假定为由同一种族构成。然而，人们所享有的权利还是招致了美国司法体制、刑事诉讼体制、刑事实体法以及刑事诉讼程序的猜忌。即使这样，人们对社会秩序的维持还是充满热忱，只有在感觉本身自由被削弱或者道德及宗教情感受到严重冲击的情况下，

人们才采取基本上守法的自救行为，这种走捷径的方式有利于法
140 律秩序最终目的的实现。它们是以全国居民均赞成、理解与信任一个政府所建立的各项制度作为先决条件的。就所有的一般性事项而言，它们预先假定全国居民将遵守那些业已确定并广为人知的法律规范，在有人为非作歹的时候，这可能要依赖于法律手段的自我启用，同时，这可能也决定着陪审团实施法律的坚决态度与聪明才智。一个以农业为主导的乡村美国并没有完全实现这个目标，然而对于现实目标而言，它所做的一切已经足够了。

至于犯罪人，人们认为他是一位彼时误入歧途的街坊邻居，其行为还存在着争议，对于由其街坊邻居组成即将审判他的陪审团而言，他的性格和优点是尽人皆知的。因此，法律与诉讼程序具体规定了包括偶犯、激情犯与精神病犯罪人在内的犯罪人类型。在由同一种族构成的拓荒时期社会或者农业社会中，在经济模式基本单一的社会中，刑事司法的任务是管束此类犯罪人。当然，根深蒂固的宗教信念与严格的道德养成在极大程度上防止了这些人实施犯罪。此外，近在咫尺的荒原有待人类去征服、无人居住的疆土即将向人类开放以满足其使用需要；有待开发的自然资源对于具有冒险精神的人们而言具有难以抗拒的吸引力。在全国范围内，这里不存在规模较大与组织严密的职业犯罪行为，只是最多偶尔
141 发生诸如聚众抢劫与盗窃耕牛之类的案件。这些案件完全可以由郡县治安官与民防团处理。

至于犯罪，它大体上是指一个社会中精力充沛的人在户外所实施的不道德行为。从事公娼的人数规模比较大，并且此类活动在许多地区存在，但这并不被人所熟知。某些大城市也是如此，在

这些大城市中,工业人口的多元化程度高,流动性强,人与人之间的经济状况有着天壤之别,它与其他城市如各中心城市之间的交通非常便捷,每天在商业中心之间来回穿梭成群成群的人,在几个小时内完成大量的运输业务,这便为分工明确的职业犯罪提供了机会。对于立法者、检察官、法官与法学家而言,犯罪与罪犯所引发的问题相对简单,所面临的任务也比较明确。

实体法

殖民地时期之前的英国成文法及革命之前的英国成文法均被美国接受,并成为美国普通法的一部分。通过法院判决与立法的方式,美国于19世纪将普通法改造完毕。就民事法律而言,法院判决是对已接受的英国法进行改造,并使其成为适应美国环境的主要手段。就刑事法律而言,制定法则是主要力量。因此,普通法与制定法之间的关系对美国刑事法产生了重要影响。

在每个部门法内,普通法与制定法之间均存在着不可逾越的 142
鸿沟,这是美国法的典型特征。美国存在两套法律规则:一套是传统规则或者普通法规则,另一套是成文法规则。美国律师必须将以上这一点铭记在心。律师在寻找适用于不同情形的法律过程中,必须同时兼顾这两套规则:一方面,他应该涉猎判例汇编与各种相关论著,另一方面,他也应该关注有关成文法的各种著作。传统法律或者普通法涵盖了所有领域,只是在许多争议点上,规定详尽的成文法规则取代了传统法律或者普通法的地位,甚至有些法定条款完整地反映着某一立法目的或适用于某些特定领域。然而，美国传统原则是成文法只能为其所涉及的案件提供相应的法律规则，面对前所未有的新情况，推理的出发点并不是成文法，而是普通法。换言之，推理的出发点是美国法律材料中比较古老的基本原则而不是较新的基本原则。在刑事法律领域中，成文法在形式上占据首位，它们明确规定了所有具体犯罪，甚至出现了一种对个别不法行为在立法层面作出精确说明的趋势。但是，美国若干州例外，在这些州中，普通法上的不法行为原则仍然有效。本着解释与适用它们的目的，人们通常规定了一些法定定义，这是为了便于满足向普通法进行求助的需要。正如人们所言，这些法定条文仅仅具有确认作用，即使在不具有上述意图的场合，这种趋势认为人们无意对传统法律作出变更，而是通过一种更为恰当的形式用于表达传统法律，这使得这些法定条文实际上发挥着确认作用。

143 在整个 19 世纪后半叶，法学家与执业律师均对立法失去了信任，因为刑事实体法的主要形式是成文法，实施效果并不是很理想。人们很难对古代各种犯罪的定义进行改进，原因是无论人们如何周密地对其进行重新定义，法院也很可能认为成文法仅仅是确认先前存在的法律，因此仍然不敢越传统定义的雷池半步。当人们不得不对新出现的犯罪进行定义时，这些新出现的犯罪将通过与某些广为人知的普通法罪进行类比，并按照从前模式对新制定的法律进行诠释。17 世纪与 18 世纪的犯罪界限相对比较狭窄，该犯罪界限很可能被依法强行用于 19 世纪犯罪行为的研究。如果人们仅仅通过探讨改良手段的方式，刑事法律的适用范围则过于狭窄，无法对出现的全部问题作出回应。民事法律能够而且确实能够通过法院判决的途径得以发展壮大，但人们几乎从一开始就对通过法院判决发展壮大刑事法律的方式充满恐惧。刑事法律与政治之间存在着某种关系，第一批殖民地居民所经历的倒霉事，如因犯有普通法上的轻罪就被扣上政治与宗教异见分子的帽子。杰斐逊派[①]崛起后，联邦党人的法官采取了过于狂热的行为，这导致人们始终要求法律对各种犯罪作出准确的定义，同时推动惩罚性刑罚体系的发展。但是，制定法可能受到解释性学说的束缚，法院与律师倾向于刑法的适用应严格限制在其字面含义范围之内，144
这是普通法关于法定解释的原理，即应对刑法进行严格解释。

人们之所以以这种态度对待成文法，部分原因在于这是一项普通法传统，部分原因这是坚持历史法学派原则的结果。历史法学派在上世纪法学领域内占据着显赫地位，人们对法国大革命时期的立法乐观主义态度作出了种种回应，历史法学派的学者深受这些回应的影响，坚持认为制度、惯例与原则应当具有连续性。这与杰斐逊的主张恰恰相反。根据杰斐逊的观点，所有的宪法与法律的约束力只有十九年的有效期，故每二十年人们就应对法律制度与政治制度进行彻底改造。这种主张似乎毫无事实根据。古典政治经济学强调人们应展开竞争，通过取得的成就对其拥有的本质力量加以自由地肯定，反对拓荒者对待最低必要限度监督或管制的态度，坚持美国政治传统中个人自由的主张，以及后来的实证主义原则——人们只能遵循社会发展的轨迹，而不能蓄意或有意

① 杰斐逊派是指以托马斯·杰斐逊为首的一个党派集团。与汉密尔顿派不同，杰斐逊派崇尚人权、自由和心智发展以及地方分权的民主理想，代表着美国广大农场主和下层群众利益，主张重农抑商，用抑制资本主义发展的办法来维持一种小资产阶级的农业社会主义。

对其加以影响。正因为如此,古典政治经济学使得历史法学派成为美国最受人们欢迎的法学派别。与英国相比,历史法学派在美国的根基更深,持续时间也更长,结果下列做法被认为具有“科学”依据:刑事实体法唯一有效的改良手段受到种种抨击、无人对此进行深思熟虑或采取明智之举、完全凭借正义理念或者自由理念等
145 内在力量的情况下,人们期望法律能够实现自我改良。

法学家期望法律能够实现自我改良。与此形成鲜明对比的是,执业律师并没有劳心费神地考虑是否需要改良法律,制定法律的活动在形成时代就耗光了所有的精力,此后执业律师便局限于解决地方诉讼程序的细节问题和制定地方法。地方法被认为是由地方当局制定的律令体系,与一般法毫不相干,人们对地方法的顶礼膜拜不可避免地出现一个经过学徒式培训而形成的律师职业群体。这是一个属于巡回律师与乡村律师的时代。在美国所有州中,许多地方的郡政府所在地是重要的法律中心所在地,而不是大都会中心所在地,这与今天不太一样,大量的法律执业人员在律师事务所接受着学徒式培训,这是对英国低级律师职业阶层培训方式的直接继承。

美国第一批法学院只不过是一些久负盛名的律师事务所。上世纪大部分的法学教师,甚至于大学法学院的法学教师是退休或者在职法官,抑或是正在执业的执业律师,这些人实质上是根据学徒式培训方式开展教学活动的,法律的改良根本不是他们关注的重点,法律实务是一门手艺。诉讼程序是一个由各种拇指规则[①]

① 拇指规则也被称为“大拇指规则”“经验法则”,是一种适用于多种情况,以极具经验性与探索性但欠缺准确性为特征的简单原则。

构成的体系，旨在使某个案件能够通过审判得到解决或者阻碍该案件的诉讼进程。实体法是一个律令体系，这些律令由地方立法机关制定，并由地方法院负责解释。普通法存在于地方判例汇编中，早已超过了教科书对它的概括性论述。在授课过程中，地方性 146
的反常现象被专门作为法律制度的重要事实加以强调，这种教育模式使得地方法更加得意忘形，法律地方主义开始成为人们引以为豪的核心问题。某些特殊法域的法律在某些方面与其他以英语作为母语的地方明显不同，如果人们发现其中的原因与可能存在的缺陷，那么以上的这种差异便不再是人们的研究对象，这是因为该法域的人们在忠实遵守各自地方法的同时，只是以秉承主权在民作为幌子，目的是为了装点门面。与国家经济一体化进程形成鲜明对比的是，该国的法律愈发趋向偏狭性。人们试图改良刑事法律，但他们的尝试遭遇的不仅是冷漠，而且还有来自律师们的积极抵抗，因为这些律师对他们曾经学习过的地方法与惯例坚信不疑，在立法机关中具有压倒性影响的乡村律师至今仍然坚持这种立场。

在大约两代人以前，一些顶尖大学的法学院开始抹杀早已过时的学徒式培训痕迹。美国法学院产生了一批原创性的法学著作，这使得地方主义开始瓦解，也有利于形成更加完善的实体法体系。这一切始于一百年前的斯托里①，并一直坚持下来。然而，美

① 约瑟夫·斯托里(Joseph Story)，美国法学家。他曾担任过美国最高法院大法官，也是哈佛法学院的创建者之一。斯托里一生著作无数，其中著名的有《法律注释》(共九卷)、《美国宪法评注》及《衡平法的法理学》等。

国法学院并没有产生刑事法律方面的专著，这与商法、宪法、物权法、衡平法、债法、侵权法与证据法形成了鲜明对比，后者为民事诉
147 讼领域中所有重要的部门法明确了发展方向。实际上，刑事法律是美国法中唯一例外的法律部门，其他法律部门均深受某些伟大法学教师所著著作的影响，并且从中受益匪浅，这些著作代表着他们的教学成果以及执教过程中的研究成果。有关美国刑事法的权威专著仍然出自毕晓普[①]之手，这是一部成书于 19 世纪的著作，也是唯一一部能够对美国刑事法产生明显影响的著作。截止 1925 年，这部著作已出版至第九版。这部著作的第九版仍然讲述的是 1856 年该书第一版的内容，虽然这部著作在当时产生了积极影响，但作为改良法律的手段而言，它与民事法律著作不可同日而语。后者主要来自法学院，并经过对其学说观点、规则与原则相互关系的严格推敲，同时也是法律研习者反复诘问从而施加重重压力的结果。正是在经常面临着来自这些法律研习者压力的情况下，他们的授业恩师才创造出目前最出类拔萃的著作，这一点连他们自己也无法理解。尽管如此，美国刑事法并没有在这个过程中获益。

在对刑事法律不予重视的情况下，美国法学院仅仅反映了学者的要求与执业律师的立场。随着商法、公用事业法与冲突法的兴起，宪法在人们公共生活中日益显赫的地位以及行政法的发展，最大限度地挑战着法学教师的聪明才智，原因是这些现象引起了

① 乔尔·普伦蒂斯·毕晓普(Joel Prentiss Bishop)，美国律师。他一生著有多部法律专著，被誉为“19 世纪最重要的法学著者”。主要作品包括《刑法注释》《刑事诉讼法注释》《已婚妇女法注释》及《合同法注释》等。

法律研习者的浓厚兴趣，并培育了许多法律职业精英。然而结果表明，除民事领域内的法律与公法领域内的法律获得长足进步外，刑事司法制度一直非常糟糕，根本没有任何起色。就法律秩序的 148
整体情况而言，其他领域的法律在最近一代人的时间内取得令人瞩目的进步，而刑事法律则相对停滞不前。

刑事司法体制

无论何种刑事司法制度必须建立在负责治安的行政制度与刑事侦查制度的高效运行基础上。美国相关制度肇始于包括地方郡长、验尸官与治安官①在内的中世纪制度，这是美国在继承英国制度后，为适应美国乡村环境而对其进行相应改造的结果。在实行白天执勤制度或夜间巡逻制度的城镇中，全体公民通常负有轮流执勤或巡逻的义务，该制度可追溯到中世纪设防城镇的做法。通常情况下，一个市镇、乡村或者城市中均设置一名巡回法官助理，即不具有处理民事纠纷职能的治安官，有些地方的治安官拥有更大的职权，他负责维持治安，在社会影响较大的犯罪案件发生时也会偶尔做一些侦查工作，而当政治形势发生动荡的时候，他将不得不下野。随着城市的兴起，旧时的治安官制度与巡夜制度已远远不能满足需要，在这种情况下，这里曾经一度出现了昼夜巡逻制

① 治安官是旧时县、镇、教区维护社会治安的官员，并负责包括送达和执行法院文书、命令等不重要的司法事务。就职权和管辖范围而言，治安官比不上行政司法长官（sheriff）。在现代，治安官一般已被警察或行政司法长官所替代。

度。当然，两种制度之间难免会产生冲突。概言之，值勤制度是由各选区或者管辖区负责组织。根据人们现在所了解到的情况，无论是英国警察制度还是美国警察制度，均肇始于19世纪。美国警察制度正式形成于19世纪后半叶。刑事侦查制度也同样形成于
149 19世纪，该制度实际上发端于19世纪的法国，而英国直到本世纪60年代通过行之有效的计划使其成为一套严密的管理体制。在美国，除一些大城市外，人们对构建现代管理体制的需求并不是很迫切，这种局面直到本世纪中叶很久以后才得以改观。美国警察管理体制与其运行状况在某些理念的影响下变得更加糟糕，这些理念在都市中心与工业社会出现之前就已经确立下来。例如，直到本世纪30年代，不止一个大城市的警察管理体制仍然受制于过时的选区或者管辖区制度。

在19世纪，美国行政体制的每一个方面均具有如下特征：制度缺乏系统性；职权分散；肩负协作职能的官员不愿行使本身职责；与实现目标的有效途径相比，阻挠目标实现的时机要多得多。每一位官员均对选民负责，并且只对选民负责。出于政治喜好或者紧急需要，他们选择与其他官员进行协作，或者拒绝协作，甚至阻挠他们的工作。每一个县均拥有一位郡县治安官与验尸官，两者共通之处是在宣传报道轰动性案件过程中失去了独立行动的自由，并且经常与不受约束的村政府或者乡镇政府相互龃龉。每一个城市均有一位执法官或类似官员，每一个城镇、管辖区或者行政区均有一位治安官员，他们均有权独立作出裁决，并不对任何上级负责。法律的实施与否是一项地方性事务。

150 在某种程度上，某种制度是制衡体制的组成部分，或者与此相

反，某种制度的缺位才是制衡体制的组成部分。正是因为以上情况的存在使得政府不能为所欲为。这正如布赖斯[①]所说，某些人具有坚定的原罪信仰，正是这些人的努力造就了美国政治体制。他们不愿意欢迎具有犯罪潜质的人从政，也不可能给予这些人任何从政的机会。在某种程度上，这种制度的产生是拓荒者对政府心怀猜忌的结果。它在很大程度上继承了中世纪的英国地方组织，甚至在美国革命爆发时还没有完全实现现代化。人们必须注意的一点是，这种制度形成于经济上自给自足的农业社会，比较适合于处理该社会形态下街坊邻居之间的关系。在本世纪后半叶，随着大城市的兴起，这种制度也开始走向解体，当下的城市社会更是使其难以立足。

关于刑事诉讼的提起，美国设置了与英国制度截然不同的公诉人制度。正是在美国形成时代的精神指引下，地方上的每一个巡回审判区，选举区甚至有时候每一个县均配置了独立公诉人。最常见的模式是根据 1789 年《司法法》所设立的联邦地方检察官制度，这表明该制度一方面借鉴了古代体制的法国检察官制度，另一方面也借鉴了英国检察总长制度。联邦地方检察官不是行政体制的有机组成部分，他的职权与检察总长的职权相同。作为地方国家机关，联邦地方检察官通常有权完全自主处理犯罪相关事宜。除隶属于联邦体制的检察官外，其他所有检察官毫无例外地都是

---

① 詹姆斯·布赖斯(James Bryce)，英国自由党政治家、外交家、法学家及历史学家，曾历任外交次官、兰开斯特公爵领事务大臣、贸易大臣、爱尔兰事务大臣、英国驻美大使及海牙国际法院法官等要职。他一生著作无数，其中代表性著作包括《神圣罗马帝国》《现代民主制度》《美利坚共和国》及《国际关系》等。

151 经过选举产生的。自杰克逊[1]以后，联邦地方检察官就深陷政治斗争的旋涡。从成立伊始，美国地方检察官在某种程度上服从于联邦司法部的控制，出于效率的考虑，美国地方检察官有时也会便宜从事。即使是现在，总统强行罢免地方检察官可能是唯一能够强迫当地的地方检察官办公室按照中央政府意愿行事的途径，但这样做的目的也仅仅是满足中央政府对司法的预期要求。在美国所有州中，检察总长除在某些辖区内拥有较大的职权外，对于其他辖区而言，基本上处于虚无状态或者根本不发挥任何作用，这些辖区除舆论与经常进行选举外，可以说已经脱离了控制。通常情况下，地方上的检察官与检察总长之间可能是精诚团结、相互协作的关系；也可能相互不尊重对方，视对方如无物；也可能出于政治立场或彼此志向不同等原因，双方处于刀剑相向、激烈交锋的状态之中。在 19 世纪前半叶，美国的各项地方制度已经建立，地方犯罪比较猖獗，地方治安与安全等方面的相关问题层出不穷，这就是公诉人制度当时所面临的形势。显而易见，公诉人已经适应了这个地方自治的国度。

美国司法体制是在独立革命与美国内战这一时期固定下来的。在地方实现自治，农业社会人口稀少，交通工具落后与出行费用高昂的年代，它的主旨是将每一个为非作歹之人绳之以法。18 世纪的英国司法体制是美国司法体制效仿的范本，但它早已陈旧过时。在 19 世纪最后 25 年内，英国对本国司法体制进行了改造，

① 安德鲁·杰克逊(Andrew Jackson)，美国第七任总统。他从事过边区律师工作。杰克逊在担任美国总统期间，巩固总统职权，有力地维护了联邦统一，颇有政绩，史称“民主政治”。

目的是使其适应工业时代的需求。美国在 18 世纪末也对本国司法体制进行了改造，目的是使其适应矗立于这片幅员辽阔大陆农业社会的需求。那时，一元化体制必然要求所有诉讼参与人承担 152
难以忍受的费用，这势必招致他人难以克制的嫉恨。如同世界其他地方一样，美国将分权制度发挥到了极致。后来，美国便一直沿着创设更多法院与进一步增加法官数量的道路前进。

现在，人们的出行条件发生了很大的变化。在美国所有制度形成之初，人们从一个州的偏远地区到达该州首府所耗费的精力与时间要比现在穿越整个大陆所耗费的精力与时间还要多。与当前大城市迥然不同的是，这里不需要手段强硬、组织严密并且装备齐全的治安法官，不需要拥有普遍刑事管辖权的单一法院（单一法院将案件诉讼流程精简至最小化），也不需要不间断审理案件的法院。这些需求是针对遥远将来而言的，并没有对形成于上世纪的制度产生任何影响。只有三种需求决定性地影响着该制度：使当事人与证人免受长途跋涉之苦与降低高昂出行成本的需求；通过上诉法院判决推动实体法发展的需求；对非专业法官与党派法官进行制约的需求。非专业法官不具备任何法律专业知识，党派法官隶属于某一政党，只是利用手中权力实现政治目的罢了。在这一点上，他们仿效了英国斯图亚特王朝时期法官的做法。

除因案卷形式存在明显错误而撤销判决外，英国刑事诉讼程序并没有规定对有罪判决进行复审，也不存在对刑事案件进行重新审判等诸如此类的情况，美国刑事诉讼程序正是继承了英国刑 153
事诉讼程序的做法。在殖民地时期，立法机关审查业已生效的有罪判决以及经立法机关授权采用重新审判方式对案件做出判决的做法，使人们对刑事诉讼的审查以及因法律错误原因可提出重审的做法毫不陌生。遗憾的是，刑事审判中的审查做法本来可以成为推动实体法发展的一种司法途径。一个世纪以来，正是这个目标左右着美国法院体制与运行状况，而不是根据刑事案件本身的是非曲直对案件进行快速处理。在美国所有州中，法院必须对数量不断增长的法令全书进行解释，对形形色色的刑法条款进行调整使之与普通法原则相适应。因此，法院将主要精力用于为每一个州制定前后一致、逻辑严密与详细精确的判例汇编，在它们的眼中，制定规则的任务就是不考虑胜任审理具体案件的任务。19 世纪的美国刑事司法体制并不是一个按照案件是非曲直迅速发动刑事诉讼与决定刑事上诉的体制，而是一个仔细筛选相关法律问题与通过法院判决构建实体法体系的体制。

美国法官所效仿的对象不是 1688 年后取得独立地位的英国法官，而是英国斯图亚特王朝时期的法官。这个时期的英国法官被王室玩弄于股掌之间，在担任司法职务后又可以从事律师业务，在当时的政治斗争期间常常身不由己，任人随意摆布。查理二世
154 与詹姆斯二世时期的法官平时专横跋扈，深陷政治斗争旋涡而不能自拔。美洲殖民地时期的基层司法官员与立法者对法律并不是非常精通，在没有法律规定的情况下，他们实现着粗略意义上的执法公正或立法公正。在美国革命爆发以前，这里有若干专横独断的英国法官，同时随着杰斐逊式民主的兴起，美国也出现了许多手眼通天并且拥护联邦党人的法官，这一切给美国人的先祖留下了深刻印象。出于对此类法官的恐惧或者不信任，美国人的先祖不仅削弱了司法权对审判的掌控，而且确保陪审团恪守职责，陪审团

被赋予过多的权力与这种出于对这些法官的恐惧或者不信任有很大的关系。这些制约措施在美国革命与1812年战争[①]结束后仍然处于实施状态，人们仍对法院、律师及英国的各项制度抱有敌视态度。这些制约措施与拓荒者的信念保持高度一致，即对“通才”思想的信仰及对专业律师的怀疑。正是在边疆地区，这些制约措施被淋漓尽致地运用到极致。至上世纪末，常业型刑事辩护律师已成为美国城市中一个高度分化的特殊群体，正是在他们的操纵下，这些制约措施成为在刑事法庭上击败检察官的有效措施。

自1850年后，绝大多数州的法官均是通过选举的途径产生，通常情况下他们的任期较短。这场法官选举运动兴起的部分原因是人们对于不折不扣实现理论上的民主体制抱有极大的热情，其他官员均可以通过选举途径产生，为什么法官不可以通过选举途径产生呢？这场法官选举运动兴起的另外原因是因为自殖民地时期流传下来有关承审法官的传统，这是因为一些立场强硬的法官 155
仍然非常顽固地坚持着源自于英国的部分法律原则、规则与惯例。不过就其本身而言，人们只是对拘泥于形式并且复杂难懂的18世纪普通法诉讼程序感到厌烦，在对待18世纪普通法诉讼程序的态度上，人数如此之多的法官似乎对其过于痴迷。就刑事法律而言，它的实施状况更加软弱无力，任期短暂的当选法官难以掌控审判程序，不是法官而是出庭律师主导着法庭审判。当选法官不想成

① 1812年战争是指1812至1815年发生于美英两国之间的战争。这场战争的起因是美国欲兼并加拿大，将英国势力彻底逐出美洲大陆。这场战争英美两国各有输赢，最终交战双方于1815年宣布停战，边界也恢复至战争爆发前的状态。

为众矢之的而通常采取明哲保身的做法，因为他们在保全职位的前提下，无法针对司法行为一直进行摸索或者使其保持较高的道德标准；审判也出现不必要的延期或推迟；陪审团的召集存在种种困难；出庭律师之间展开激烈的争辩；证人所遭受的种种不公处遇等。这些都是令美国刑事审判引以为耻的特征。相对而言，在法官终身任职并且任职得到保证的法院系统内，这些现象却不怎么为人所知，这一点具有积极的意义。

但是此处重申一次，美国在19世纪所形成的体制绝对与以农业为主的乡村社会相匹配，它在19世纪社会形态下取得了显著的成效，但在工业中心的城市中，它已经成为令人难以忍受的落伍之物。

与现代英国一样，18世纪的英国律师职业采用的是二元化管理体制：高级律师职业阶层由出庭律师组成，出庭律师同时具有辩
156 护律师的职能，他们的任务是出庭，协助法庭完成审判工作。这些人以威斯敏斯特为中心，建立了许多历史悠久的协会，在接受律师公会监督的同时，负责其会员的准入、培训与惩戒等事宜；低级律师职业阶层由法律事务代理人或者事务律师组成，其职能是作为当事人的代理人为其处理法律事务，这些法律事务既有一般性法律事务，也有具体案件中的相关事务。他们的业务范围包括提供咨询意见、负责不动产产权的调查证明及转让、管理信托财产、作为“诉讼委托人的代理人”代理其处理相关业务，在遇到困难的情况下征求出庭律师的意见。同时，他们也被允许为即将开始的审判完成相应的准备工作，一般负责与诉讼事项相关的庭外工作。直到19世纪，事务律师管理体制松散的现状才得以改变。事务律师一般在当地进行执业，只有被某个法院登记在册或者在领取法

院颁发的执照后，才能进行执业。欧洲大陆也存在着同样的分化趋势，法律事务代理人与律师在职能上进行了区分，法律事务代理人不再履行律师的职责。

在过去一段时间内，某些殖民地，比如说新泽西州，也采用了对律师职业予以分类的方法。但实际上从一开始，美国并没有对律师功能作出区分，这一点在美国早已是固定不变的惯例。美国律师集“出庭律师与事务律师”于一身，根据法律规定，他有权从事任何领域的法律业务活动。对那些潜心研究英美两国审判制度的人来说，他绝不会怀疑这一点，即美国司法体制无论具有多么令人满意的特征，它均与令人感到不满的形成于 19 世纪的美国刑事审判制度具有重大干系。 157

英美两国的做法之所以大相径庭，背后具有许多原因：第一个原因是自美国革命后，人们普遍不再信任英国刑事司法体制；第二个原因是自美国独立以后，经济出现了衰退现象，这使得人们在此期间不再相信法律与律师；第三个原因是拓荒者对专业律师的不信任，他们认为人人生而平等，应当不受任何束缚地从事任何职业。在若干州中，不具有律师资格的人也可以提供法律服务；若干州则规定，一个人只要品行良好，就可以从事法律业务，此外再无任何资质限制。所有这些使得律师职业准入资质限制降到最低限度，人们如想从事律师职业是一件极其容易的事。

在律师职业相互融合的过程中，英国低级律师职业阶层而不是高级律师职业阶层成为美国借鉴的榜样。律师在执业律师的事务所里以学徒身份进行实习。后来，随着法学院的兴起，执业律师还是通常按照学徒式培训制度的精神与方式对实习律师进行指导。所有这些都是以假定律师职业是一门手艺而不是一门法律科学为前提，当时的民主精神不愿意承认一门手艺应当与其他手艺相区别，或者不愿意承认成为律师或医生比成为木匠或者机工的要求高得多。经济状况与地理条件使得法院难以集中分布，这导致地方律师公会制度的产生，一个地方律师公会对应着一个地方法院，它
158 仅仅是一个名义上的管理体制，并且日益呈现出去职业化的趋势。对此，承袭于英国的律师职业传统所能做的仅仅是无力的反抗。

在一段时间内，律师巡回服务制度的建立使其能够与巡回法院法官从一个郡政府所在地转移到另一个郡政府所在地，巡回律师在法庭上及开庭期始终与巡回法院法官保持着联系，在维持未竟事项标准以及坚持职业传统等方面取得了良好效果。不过随着城市的兴起，“诉讼委托人”代理业务的重要性日益突出以及出行条件的现代化，律师巡回服务制度实际上在本世纪后半叶便不复存在。在本世纪最后 25 年中，地方分权、管理体制缺位及去职业化等现象也达到了历史顶点。那时，以服务诉讼委托人为主的常业型律师、以服务原告人为主的常业型律师、以服务被告人为主的常业型律师在刑事法院中开始出现前所未有的分化，一批以刑事案件作为执业方向的常业型律师也开始出现在刑事法院。这种变化所产生的影响对美国刑事司法制度而言百害而无一利。法院只有在极为罕见且极端的情况下才予以惩戒，律师协会所采取的训诫措施非常有效，但这些措施都是在事后采取的。在大城市中，以刑事案件作为执业方向的律师在执业过程中开始出现种种不良执业行为，如不严格遵守相关规定或者非法执业等，同时，这里也缺乏相应真正有效的制约措施。经济状况使得律师界的领袖离法院

越来越远，几乎完全与刑事法院隔离开来。法官与专业意见很难具有持续性与主导性的影响。至本世纪末，政客型律师通常以刑 159
事案件作为执业方向，这在律师界中毫无声誉可言，或者说这方面的业务已沦为律师职业中最令人所不齿的业务类型。人们不应忘记，具有盎格鲁血统同时极具争议的诉讼程序以出庭律师作为法庭助手为先决条件，这使得以刑事案件作为执业方向的律师呈现出管理体制缺位、训诫措施空白与去职业化的特征，同时他们又深谙赚钱之道。人们必须承认，这些人正是导致当下怨声载道状态出现的最主要因素。

刑罚在美国形成时代开始正式得以体系化，这是移植理性主义、18 世纪自然法中人文观念以及后来 19 世纪后半叶社会功利主义的结果。这一切是在继承他国体制的基础上进行的，但后来却走上了一条截然不同的发展道路。在 18 世纪末，除一两项重罪被判处死刑外，美国制定法对所有犯罪规定的是监禁刑而不是死刑。人们还自主设计了一套与英国相媲美的监狱体制。此时，人们还形成了如下种种理念，其中包括管教所[①]应予以设置；刑罚应着眼于修复罪犯并使其重新成为有用公民等，这些新鲜事物的设计及其具体化均是着眼于上世纪农业社会。其他要谈及的是美国监狱体制，英国监狱体制已被它取而代之，对于一个规模不大的美国的县而言，英国监狱体制的总体运行状况还算不错。但对于大城市而言以及后来形势不断发生变化的情况下，该体制变得让人

---

① 管教所是一种特殊的监狱形式，监禁 16—30 岁且犯罪性质不严重的年轻人，通过适当的教育、矫正、道德感化等手段改造罪犯。

160 难以忍受。很重要的一点是，美国开始就刑罚体制独立进行尝试，通过移植方式将刑罚嫁接至这种糟糕的体制中，移植后的刑罚在面对全新任务之前几乎没有时间发展壮大自身。直到本世纪最后30多年的时间内，人们才开始对它进行科学研究。在了解它除适应以农业为主的乡村美国外而具有的其他用途之前，人们不得不而且也应该将其应用于本世纪主要以工业为主的都市美国。在一百多年前，刑罚同样需要对自身进行激进全面的改革，如同建国之初的美国对中世纪传统刑罚具有同样需求一样。

19世纪刑事诉讼程序

美国刑事诉讼程序存在着大量不合时宜的细节问题。总体而言，美国刑事诉讼程序具有冗长拖沓、画蛇添足的诉讼程序特征。每当国民意识到有必要改善司法现状时，繁杂的保证措施，过多的法律漏洞及严重损害本身有效性的减刑机制均会引起人们的格外关注。美国刑事司法制度的其他特征也对该结果的发生负有同样的责任，但它们在外观上表现得不是很明显，相对不怎么引人注目。应当强调的一点是，在意图改造美国刑事司法制度使其真正胜任自身任务的全部改革计划中，刑事诉讼程序改革仅仅是其中一项内容，而且还不是最重要的一项内容，因为还有很多事项有待完成。正是刑事实体法的构成要素，决定了刑事实体法在上世纪的面貌。这些构成要素在刑事诉讼程序中仍然十分活跃，导致的
161 后果也大体相同。此外，脑海充斥着各种拓荒时期理念与民主主义理念的陪审员是唯一能够自行裁决的主体，初审法官遭人嫉恨

也是一个不争事实，传统普通法对英国执法机关施加了种种限制。美国自主形成了与自由相关的种种政治理念，人文主义在 18、19 世纪呈现出新的发展趋向，所有这一切均同时影响着美国刑事诉讼程序。美国刑事诉讼程序在具有可塑性的同时，本身被赋予了一种超然于任何环境、原因或者场合而依然存在的固定类型。

美国刑事诉讼程序具有三个典型特征，这些特征形成于上世纪，人们需要对此加以关注。

最值得注意的特征是诉讼程序过度烦琐，这是上世纪美国所有部门法的一个特征。实际上，本世纪上半叶的英国法也是同样如此。“唯案卷论”的现象也开始出现，人们乃至今日依然可以发现它的踪影，美国也是如此。它是以牺牲案件本身为代价而过度关注案卷形式，它是以不再仔细审查案件本身以确保案件审理结果与实体法的要求相一致为代价，而以是否存在“法律错误”为由过度关注案卷是否合乎法定形式。这种过于严格审查案卷法定形式的做法在某些法院已达到荒谬可笑的程度，比如在某些广为人知的案件中，有罪判决书或“一级”谋杀罪的判决书并不具备充分的定罪理由，还有针对重大犯罪所作出的有罪判决被撤销，原因是正式提起的公诉书遗漏了宪法所规定套话中“最重要”的字眼；或者采用了正如霍姆斯大法官①所描述的立场，该立场明确要求刑 162

① 奥利弗·温德尔·霍姆斯(Oliver Wendell Holmes)，美国著名法学家、美国法学缔造者与美国现实主义法学的代表人物。他曾先后担任《美国法律评论》编辑、马萨诸塞州最高法院法官与美国最高法院大法官。霍姆斯从否定客观真理、强调主观唯心主义的经验出发，提出了关于法的概念的实用主义公式，即法的生命不是逻辑而是经验。主要代表作品是《普通法》。

事起诉书避免以下情况的发生，即“每一起针对个人的误解均能引发狂热歪曲”。这些都是对上世纪刑事诉讼程序中关键特征的讽刺性刻画，但这些刻画耐人寻味，发人深思。

除针对案卷是否符合法定形式所进行的仔细复查外，这里还存在另一种做法，即刻板实施证据规则的目的不是出于实现目标的考虑，而是出于对自身利益的考虑。例如，以违反相关规则为由的重新审判旨在挽救法院的时机；法院有责任对指控进行严格复审，目的在于是否与准确无误阐述法律的原则要求相一致。正如以前所说，陪审团请求法官给予相应的指示，这实际上成为检验法官在本案中采用所适用法律正确与否的标准，在这个过程中，法官不能犯丝毫错误，否则就要付出判决结果无效的惩罚代价。因此，特别是在本世纪最后 25 年的时间里，当事人要求重新审判案件，法院一般都会慷慨地准许，这明显是一种诉讼滥用现象。其中，大约百分之二十九的案件被获准在联邦法院进行复审，大约百分之四十的案件被获准在州法院进行复审。诸如此类的情况除给国民提供一个有关法律目的完全错误的观念外，再无任何作用可言。在美国，这促
163 进了一种“以击败法律为目标的竞赛”现象的产生。如果司法仅仅是一场博弈的话，那么不要期望参与其中的双方选手与在场的观众向法律精神作出让步，因为只有规避法律才能满足他们利益的需要。

法学院院长威格莫尔①贴切地将其命名为“竞技主义司法

① 约翰·亨利·威格莫尔(John Henry Wigmore)，美国著名法学家与证据法专家。他曾先后执教于日本庆应义塾大学与美国西北大学，其最知名的著作是《普通法审判中英美证据法专论》《世界法系概览》。

论”,该理论仅仅要求博弈的全部规则是否已经被严格实施,如果一旦发现实质性违规现象的存在,审判将重新启动,或者判决结果将被推翻。正如橄榄球比赛规则规定的那样,使犯规方的达阵区退后五码、十码或者十五码。这衍生出另外一种令人感到不满的特征,即这种趋势使得刑事审判场面甚是蔚为壮观,如果追本溯源的话,这种趋势在某种程度上是对农村生活需求的一种回应。在《弗洛斯河上的磨坊》(*Mill on the Floss*)中,人们可以了解到对于单调的农村生活而言,诉讼是如何成为一种慰藉方式的。在汽车、电影与收音机尚未出现的岁月里,在城市娱乐方式尚未普及到所有农民的日常生活之前,农民最重要的消遣方式除了政治事务外,就是法院对刑事案件的审理。在“开庭周”期间,农民赶着马车来到法院,并将其停靠在法院广场四周不远的地方,这些具有鉴赏力的观众仔细注视着审判过程中双方的博弈,就像城市观众仔细观看职业棒球比赛一样,生怕漏掉任何一个细节。后来在新闻舆论的推波助澜下,与刑事审判相关的这方面特征进一步成形,美国报纸对审判进行了不切合实际的详细报道,这使得实际运行中的刑事司法制度给人们留下了比实际情况还要糟糕的印象。报纸特别注重报道诸如法庭交锋、滥用证人、以牺牲证据与案件本身的是非曲直为代价而换取引人注目的特别报道等内容,由于审判场景中的每一位演员均具有很高的宣传价值,这种引人注目的特别报道 164
对此进行了过分夸张性的描写,这种做法进一步将以上这一切推进万劫不复的深渊。正是诸如此类的种种做法严重影响着人们对法律的尊重,这是不言而喻的道理。

最后,因为历史上的原因(上文已经对这些原因作出解释),形成于刑事诉讼程序的制约机制与减刑机制大多背离了最初目的，在审判双方博弈过程中遭到许多人抵制。常业型刑事辩护律师利用其聪明才智使这些机制的潜在价值在逻辑上的运用达到极致，由此导致大量的程序性细节与美国19世纪法律能够相互协调一致。这些人擅长从诉讼程序出发进行专业思考，同时在不违反规则的情况下，满怀热情地遵循着“公平审判”的观念。律师界中有一批律师，他们擅长利用大量的程序性细节与运用各种制约机制与减刑机制，从而达到击败法律的目的。

甚至当这些趋势达到顶点的时候，如同在目前许多农业社会那样，但是有待判决的刑事诉讼事件表在数量方面并没有过度增长。这很可能要归功于勤勉而消息灵通的检察官，正是他们所付出的艰辛努力使得诉讼机制的运行一直处于良好状态。然而随着大型都市中心的兴起，待审案件数量的不断膨胀（甚至在上世纪也是如此），正在成为难以承受的负担。

新纪元的开端

美国刑事司法制度的新纪元肇始于1900年之前，这场改良运
165 动在过去三十年内呈现出愈发高涨的态势。1875年前后，诉讼程序过度烦琐的现象达到了顶点，并在1890年前后开始呈现出消退的态势，至1910年，这种现象明显出现日益衰落的迹象。如今，绝对多数的法院已经放弃了“唯案卷论”的做法，不愿以牺牲实体法的正确性为代价而一丝不苟地坚持博弈规则。在本世纪，法院对待制定法的态度已经得到了改善，例如他们不必在“犯罪意图”的

指导下理解所有的刑事法律,他们也不再僵硬地坚持严格解释刑法的做法。在美国大部分地区,人们对地方法的狂热膜拜也呈现出江河日下的景象,刑事法律正在日益引起前所未有的关注,这一点在美国大学法学院内是显而易见的,人们对待其实施状况的评判态度也有所改观。所有这一切显示出一种全新的潮流,这种潮流可能在某一天极有可能被确认为 20 世纪法律的时代精神。

像许多作家与演说家一样,如果人们认为 19 世纪刑事司法制度的各个方面仍然在当前整个美国疆域内发挥着作用,那这就大错特错了。这种说法基本上是正确的,即美国当前主要采用 19 世纪刑事司法制度,如同美国在革命结束后不得不采用 17、18 世纪英国刑事司法制度作为起点一样。人们不能一成不变地遵循着一国体制的全部细节或者时代精神甚至照搬多项制度,正如同美国政治体制的缔造者也不能一成不变地遵循着他国体制的全部细节或者时代精神甚至照搬多项制度。改良机构一直处于运转状态中,并且在过去一代人的时间里,一直在不露声色地运转。在许多方 166
面,人们正在沿着改良的道路不断前进。在那个时候,国民只不过才开始关注各种弊端。现在,人们一般认为当时的情况的确如此。

167

V　当代刑事司法制度

20 世纪刑事司法制度的背景

19 世纪前半叶，美国大陆的人口成分相对单一，基本上是生活在农业社会的拓荒者。在认真思考当下美国刑事司法现状之前，人们有必要深入研究上述社会背景下司法过程中的各种问题，研究运用相关法律制度与法律原则处理这些问题的方式，这些法律制度与法律原则都是自英国继承而来的。如今，刑事司法制度在以工业为主的多元化都市社会运行过程中也出现了各种问题，人们已经准备对这些问题展开相关研究。人们面临着诸多困难，即是否使用继承于或者借鉴自英国的法律体制与司法体制解决这些问题，因为这些法律体制与司法体制在 19 世纪时已经创造了一个崭新与稳定的美国。法律秩序的背景发生了与之前相比完全不同的变化，对这片大陆的许多地区而言，这种变化是在突然之间发生的。因此，在人们面临的所有问题中，研究这些因法律秩序背景发生剧烈变化而导致的种种问题是当务之急。

类似的内容也曾经从另外一个方面被提及过。家法族规、邻里舆论与宗教训诫在现代都市条件下的不断弱化，给刑事司法制度额外增添了沉重的负担。

不仅家族、街坊邻居与宗教组织不能像上世纪那样有效发挥作 168
为约束手段的作用，而且美国政治制度的法律化与法律制度的政治
化也成为司空见惯的现象。法律是政治组织社会的一项制度，任何
对美国政治制度产生重大影响的事件均不可避免地对美国法律制
度产生影响。美国法律制度基本上属于一项以州为单位而建构的
政治制度，除联邦政府特别关注的范围极其有限的本质问题外，美
国法基本是由各州制定。在美国建国之初，邻近地区与作为宽泛意
义上邻近地区的各州都是经济实体或者说能够与经济实体相提并
论，这使得每个人的经济利益与政治关联实际上相重叠。当前，一
个人的经济来源可能在一个州，而他的政治身份隶属于另外一个
州，一个人可能从一个社区中获取经济利益，而这个社区与其公民
身份所在地社区的距离却异常遥远。作为封建社会的历史残余，
政治事务的参与遵循着法定居住资格的要求，而不是职业或者经
济关系，这种现象在农业社会条件下仍然存在。一个人的经济生
活方式可能取决于其辖区内的法律或者政府，而他对该管辖区域
内的政治事务没有任何发言权。与此同时，公民基于合法居住资
格与公民身份而提出的政治主张可能对于他所关心的重要问题无
能为力，这里悄然出现了一种现象，即政治事务作为农民的消遣方
式已被悄然替代。除这种转变外，经济状况的变化，废除了各项地
方政治体制与地方政府之间所存在的实质联系，这是一方面。另 169
一方面，经济利益有利于人们不再热衷于与美国司法紧密相关的
政治事务，特别是地方政治事务。19 世纪的所有政治制度与法律
制度均以假设每一位聪明绝顶的人持续参与政治事务、愿意参与
司法为前提。在当前社会中，这远远超出了人们合理预期的范围。

经济状况变化产生的另一个影响也同样非常重要，见证电灯与电力、内燃机、汽车、飞机导航、留声机、电影、无线电、收音机出现的这一代人已长大成人，这些人生活在用于满足人类需求资源的极度增长与人类需求也不断提高的年代。随着资源不断增长，针对这些不断增长资源的利用能力也在不断提高。不断增长的生产活动与消费活动使得某些物品成为日常生活必需品，而在上一代人的时候，这些物品还是极为罕见的奢侈品。枯燥无味且高度专业化的工作被纷繁复杂的娱乐消遣所弥补，这是由事物发展的必然性所决定的。所有这一切均有利于不断提升个人自我肯定的自由，也正在主动自觉地提升个人的自我肯定。在上世纪，人们被告知这是通过法律秩序推动实现的最终目标。根据普遍安全的要
170 求，人们应多考虑有序社会的构建与人类共同目标的实现，较少考虑那种为所欲为式的个人自由。

更有甚者，与上世纪相对比较简单的美国农业社会秩序相比，当今社会对个人的冲击，导致了个人行为问题无论是在数量上还是在种类上均成倍增长，混淆了个人关于行为标准及其适用的判断，剥夺了旧时法哲学家将法律作为主要保证手段的地位，公民个人的理性与善恶观念则成为当前主要的保证手段。

在美国，传统极端个人主义法哲学与政治哲学被上世纪所积累的经验进一步确认。美国政府对外开放了许多公有土地以满足人们定居之需，许多近在咫尺的自然资源在不需要资金的情况下供人们随意开发。每个人均拥有许多冒险投机的秘密途径，而且这些途径绝不可能存在反社会性。冲突点与利益重叠的领域也相对较少，这些冲突的解决与利益重叠问题的调整通常不需要

过多或者事无巨细地限制个人自由便可能实现。在当前一个矛盾丛生与利益重叠问题急剧增长的时代，人们对实现自我肯定的自由的主张更加强烈，而实行该主张的环境却变得更加恶劣，传统道德规范与伦理习俗随着科学知识的进一步扩张而早已遭到破坏，当人们将自身从这些律令的枷锁中解放出来时，新的调
整方式正在形成，比如说报纸与杂志的影响力，不仅通过缜密周 171
全的宣传报道方式，而且通过人们每天看报以及新闻记者趋向于采用标准方法进行创作等方式，使得人们形成了共同的思维习惯、立场观点以及统一按照标准模式对事物进行理解。同样，教育也呈现出同样的发展趋势：许多人将共同接受教育，随着各种标准教学理念与教学方式的兴起，这有利于产生标准常识与标准化的思考方式。

显而易见，这里存在着一个矛盾，它必然与个人行为概念相混淆。美国经济秩序强行要求标准化生活，某种自卑情结也可能形成于将循规蹈矩的生活方式与自我肯定的自由的理想进行比较的过程中。作为对以上种种状况的回应，人们主张凭借以下种种行为类型达到强调自我肯定的目的。有些行为类型极为罕见；有些行为类型与众不同；有些行为类型则完全与社会习俗背道而驰；甚至有些行为类型称得上是惊世骇俗。这些行为类型在本世纪仍然如此引人注目。人们如果将 18 世纪思维方式与 20 世纪思维方式在这个层面进行比较的话，这将是一件非常有意义的事情：18 世纪主张人类关系的理性秩序，主张世间万物应以处于自然状态的人作为基准，应以抽象意义上完美的人作为基准。它是从抽象意义上的人所具有的普遍抽象品质立场出发进行论证的，而不是从

具体意义上的人所提出的具体要求立场出发进行论证的。它是根据普遍理性秩序的要求对行为进行思考的。这是一个过分讲究表
172 面礼节，格外注重形式的时代。因此，当人们有可能在很大程度上实现自给自足的时候，他们极度渴望成为楷模，他们希望世人能够以完人的标准对其进行评价。经济秩序是建立在精细分工与极致专业化的基础上，就目前而言，经济秩序正在迫使他们按照完人的标准行事。他们坚决主张世上不存在完全相同的两种事物，坚决主张行为存在非理性要素，而行为是由一系列毫不相干的具体动作或者习惯构成；他们坚决主张个别化处遇，并声称人们应根据自身情况进行衡量。人们曾公开声明法律是一种调整体制，就前者情况而言，法律在理论上是可以被人们接受的；就后者情况而言，法律则相当令人讨厌。以下这一点具有重要意义：处于社会最上层受过良好教育并且智力超群的人们公开对禁止性法律所表达的蔑视之情更加强烈。在这些人中间，促使自我肯定自觉表现的情形是最迫切的。

法律秩序背景中最重要的特征是社会控制的非法律手段正在发挥着作用，这些手段占据着更重要的地位。美国古老的非法律惯例业已丧失功效，而新的惯例则陆续兴起，这些现象与那些有法司法相关的现象具有千丝万缕的联系。新经济秩序对美国政治制度具有多种影响：其中的某个影响已经从另一个方面进行了探讨，但人们也必须注意到一种更为具体的影响。美国工业城市的总体发展方向业已背离了美国所继承制度具有的地方主义或者党派意
173 识的特征，甚至这种发展方向背离了美国人民专门设计或者改造拓荒时期美国制度的初衷。然而，作为对以农业为主的乡村社会

种种需求或者理想的回应，这些旨在适应地方党派意识模式的制度业已确立下来。事实上，教会作为上世纪社会控制的另一种主要手段，也是拓荒时期农业社会中社会规范的准权力代表，但它无能为力对自身进行调整以便胜任对当前社会进行社会控制的任务。对任何制度而言，为满足一时需求而确立的目的与原则经过无限放大达到放之四海而皆准的程度，在其不再左右人们行为的情况下仍能维持自身存在，这是一件不容易的事。

总体而言，在政治制度、法律制度与宗教制度日益与时代脱节的情况下，各种前所未有的社会控制机构已经形成。这些社会控制机构包括等级制组织、贸易组织、商业组织以及形形色色的专业机构，它们在调整行为的过程中扮演着重要的角色。但是，它们经常存在一种让人不知所措的趋向，而不是通过指导使人豁然开朗。同时，它们经常导致反社会的从属效应：一方面，这些机构经常过于强调阶级立场；另一方面，这些机构经常落入某些居心叵测之人的掌控之中，而这些人只是煽动人们采取貌似肩负使命的行动，最终使这些人在这些机构中终身任职的野心得逞。出于种种原因，这些机构中的大多数人本着本阶级与集团的目标对立法者与行政官员施加种种压力，旨在通过立法与行政等途径来实现个人目标，助长有法不法或执法不法的现象横行，其结果是将本阶级或本集 174
团的理想等同于那些已获得认可的法律秩序理想。这种制度方面的缺陷是转型时期的典型特征，这在宗教改革运动、17 世纪时期的英国与革命刚刚结束后的美国表现得尤为强烈。具有缺陷的制度很难发挥出应有的作用或者说发挥的作用一般，制度的无效使得人们不再信任这些制度，这又进一步削弱了制度，并使其陷入恶性循环的怪圈。所有的社会制度可能在一段时间内得不到人们的信任,如果根据这些制度运行状况进行判断的话,这种不信任感使得这些制度更加得不到人们的信任。于是,人们在16世纪时萌生了“私意解释”的理念,在17世纪时开始信奉“革命的权利”的教义等。在美国建国之初,人们对个体自由不吝溢美之辞。在当前,关于守法事宜,人们主张进行私人裁决。在这样一个时代里,因诉诸个人自我肯定的自由而引发的动荡,如果用昔日的标准进行判断的话,很可能被认为是目无法纪,但美国人的先辈可能将其称之为“自由”。如果人们要对此有一个清楚描述的话,美国刑事司法应当在这个方面判断与其他社会控制手段的关系。

现代城市中的刑事司法体制

每一个研究当前美国刑事司法的人,必定对不同司法机关的
175 运行方式留下深刻印象:有些司法机关相互掣肘,不断给对方设置障碍或者从中作梗,使对方很难顺心如意;另一种情况是,如果幸运的话,不同司法机关之间互不干扰,充其量在对方需要的时候提供杯水车薪式的帮助或者干脆袖手旁观。每个州,每个县、每个自治市,每一家法院,每一位检察官,每一家警察机关——在大多数情况下,同一管辖区域内运行的司法机关不止一家——很可能均各行其是,很少关心或者说根本不关心对方正在从事的工作。甚至有可能在极其偶然的情况下,联邦与州的检察机关或者司法官员相互交叉,互相干扰对方的正常运行。同一管辖区域内存在的运行主体不止一个,这也是常有的情况,比如妇孺皆知的道奇案便

是一个极端而典型的例子。在该案中,道奇在因涉嫌伪证罪被纽约州通缉的情况下,逃到德克萨斯州避难。在他被遣返回纽约州之前,他申请了四份人身保护令,州与联邦存在管辖权冲突的问题,这里还有与他有关的四份引渡令状,强制引渡令、上诉令状与因蔑视诉讼程序而签发的令状各一份,即便到了那个时候,手眼通天的探员有必要不计个人安危通过采用法律规定之外的应变策略将逃犯绳之以法。再没有比这个例子更能说明权力分散的极端程度、组织性或协作性的缺乏、制约措施与约束措施的过度设置、诉讼程序的过度烦琐。在当今实行一元化经济的这个国度中,这些使得刑事司法陷入尴尬境地。

在不止一个地方,地方警察机关与州警察机关可以在一起协作办案,可以单独办案,或者也可以分道扬镳。在不同司局工作的 176
联邦执法官员居然视对方如无物,更有甚者,有些官员还相互贬低对方,而这些情况早已尽人皆知。州一级执法机关与联邦执法机关经常相互倾轧,当市一级执法机关、州一级执法机关与联邦执法机关拥有共同管辖权时,它们很少能够通力进行有效协作。一旦涉及单一管辖权时,警方,公诉人与验尸官可以并行进行调查,或者可以进行彼此交叉的调查,或者甚至可能妨碍对方行使调查权。他们之所以这样做,要么可能出于作为要弄权术的权宜之计,要么出于宣传报道的需要,再要么是出于热忱于公共服务的缘故。实际上,这种情况过去在英国发生过,在巴拉内利案中,警方与验尸官为争夺对该案的管辖权,陷入一场不合时宜的争吵,类似事件差不多也可能会发生在当前的美国社会。正如人们被告知的那样,“验尸官对他的权限与职责特别敏感,他们竭尽全力证明将巴拉内利(Baranelli)关在新门监狱[①]的做法是正确的。但是苏格兰场的领导人却不接受这种做法,他认为凶手是属于他的,市政官员根本无权过问此事。这个倒霉的犯人被塞进一辆由验尸官的两名下属所驾驶的马车,正当他们进入车厢,准备带着他们的战利品离开时,一位督察突然出现在现场,在控制马车后,夺过马车缰绳,接着便耀武扬威地扬长而去。"如此具有盎格鲁-撒克逊特色的诉讼程序在当前英国已不复存在。这种局面的出现主要是由于经济方面的原因。这种原因导致英国对犯罪应对措施体制进行了完善,出于同样的原因,美国也必须根除美国政治体制中行政机关之间所存在的矛盾与冲突。

177 刑事司法过程中的混乱状态还远远不止这些,鄙人已经谈及过州与州之间可能就逃犯引渡事宜而展开争夺的种种可能性。要指出的是,这里存在州长愿意将逃犯双手奉还的情况。然而更常见的情况是,一位州长出于私人原因,可能拒绝来自另一位州长的申请。因此,州与州之间缺乏协作的现状将导致刑事侦查过程中的协作不复存在。与此情况类似的是,一个州内负责起诉的官员之间也不存在任何协作。最近,在一个大城市中,负有执法职责的行政官员屡次就与汽车相关法律的实施情况与公诉人、法院展开旷日持久的争论。这场不合事宜的争论表明,各方当事人至少具有以

① 新门监狱,也称为纽盖特监狱。该监狱位于伦敦市新门街和老贝利街的拐角处。新门监狱的原址位于伦敦城新门,始建于亨利一世统治时期,1188 年后用作监狱,1420 年重建。1780 年被暴动者焚毁后,1783 年再次重建。该监狱既关押民事案件的债务人,也关押罪犯。新门监狱自 1815 年起专门关押刑事案犯,1902 年拆除,前后历经 700 多年的时间。

对方的失败为代价而扳回一局的迫切心情，这种迫切心情与他们维护普遍安全的迫切心情如出一辙，人们只能作出这样的推测。

美国司法体制的情况也好不到哪里去。一家法院所进行的充满表演成分的诉讼程序不是妨碍就是掣肘另一家法院的审判工作，这种情况实在是再平常不过了。在上文所引用的道奇案中，这种情况则发展到荒谬可笑的程度。实际上，就任何著名的谋杀案件而言，在一审判决有罪并且上诉审维持原判的情况下，被宣告有罪的被告人的代理律师仍四处走访法院，试图发现某些能够掌控某种司法程序的州法官或者联邦法官，通过这些法官使诉讼程序陷入停滞。然而即使在许多州的法院内部，法官也经常无力掌控审判进程，同时，陪审团成为一个拥有广泛权限的独立法庭，它的 178
权限如此之大，以致它可以无视法律，甚至可以使法律归于无效，普通法至少规定了法官与陪审团的协作事宜。

最后，接下来的话题可能要由刑事诉讼阶段转向判决阶段。在美国拓荒时期，被告人是法官的街坊邻居，法官认识他或者在不需要任何帮助的情况下，便很容易了解到他所想知道的一切。在当代，双方对于相互之间的协作具有特殊需求，但一般而言，审判过程与拓荒时期的审判过程几乎差不多。只要他认为合适，法官可以随意利用包括警方、行政官员与社会机构在内所提供的信息或所具有的经验。还要说明的一点是，这些人有时也无法满足法官的相关需求，同时法官也不能强人所难。经常巧合的是，当行政官员抱怨法院的诸如执行判决或暂停执行判决等种种无知行为时，法官也在抱怨正是这些行政官员才使得他们变得愚昧无知。事实上，这些互不隶属的机构能否做到通力协作，这是与他人无关的事项，人们绝不能把希望寄托在其他任何人身上。

在当今经济社会中，人与人之间的联系非常紧密，经济社会也面临着交通更为快捷，政治路线更易变动的新情形。正因为如此，经济社会中普遍安全的维系要求行政机关具有系统性，要求责任与权力相互协调。此外，经济社会普遍安全的维持依赖于人性而
179 不是依赖于制衡体制。20 世纪特别强调采用诸如此类的制度安排，而拓荒时期乡村社会状况则特别强调采用权力分散，三权分立、独立裁判法院制度、精细复杂的行政制约措施等，两者的做法如出一辙。美国已经实现经济一体化，其法律制度也必须作出相应的发展，如果人们担心中央集权制的话，那么人们必须学会协作。

在所有改良计划中，这是一个最重要的问题，在每一个州的内部，人们必须对刑事司法制度的行政性机构进行统筹安排。所有的行政性机构，包括现在由郡县治安官、验尸官、法官助理、法庭事务官与缓刑犯监督官在实施刑事法律过程中所涉及的所有工作，应当统一由值得信赖的负责人领导，同时应当处理好与体系严密的司法制度之间的领导关系，目的在于消除司法行为与行政行为之间的摩擦与确保政策实施的统一性，但是行政一体化越过一州边界后便不那么令人满意了。为此，人们必须借助于协调手段，这些州已经就立法活动中的协作事宜采取了某些措施，州长顾问委员会、全美检察官协会、全美警察协会以及那些对刑罚感兴趣的人们同样正在努力为这个光明的前景铺平道路。人们应当首先在一个州的内部实现一体化、体系化与制度化。只有当人们采取这个步骤后，各州行政制度体系之间相互协作的状态自然就会实现。

于是，人们可能实现预防体系、行政制度、起诉制度、司法制度与刑 180
罚制度在全国范围内的协调统一，通过刑事司法体制整体与部分的巧妙运行，最终达到维护普遍安全的最终目的。另一种选择是实行中央集权制。接受过教育的人们对其是敬畏如虎，但运行的无政府状态可能仍然驱使人们采用这种选择。

接下来要探讨刑事司法体制的细节问题。这些细节是人们继承于上世纪，必须适用于现代城市。刑事侦查制度从一开始就面临着许多严重困难，其中最严重问题之一就是体制僵化，因为法律经常对所有市镇作出一刀切的规定，法律细致入微地对所有细节做出规定的做法妨碍着必要的法律调整。在一个大城市中，法律有时候规定得如此详细，以致不惜损害行为准则或者将其排除在外，目的是保证被起诉官员获得“公平审判”。再没有比法律的实施缺乏连贯性更为严重的问题了，刑事司法制度的所有构成部分深受“短暂实施”之苦，“短暂实施”是福斯迪克(Fosdick)先生对这种现象的形象比喻。这是拓荒时期美国政治体制留给后人的遗产之一，根据这种政治体制，连续任职的领导层通常并且不需要制定同样的政策。换言之，事实上制定的任何政策均是如此。每一位任职的领导人必须重新学习人尽皆知的经验体系，该经验体系通过官员之间的口耳相传而得以传承下来，并且随着环境变化而不断对自身作出相应调整。但是在这种情况下，所制定的政策不可能具有这种持续性，经验的应用也不可能具有开明性，原因是刑事侦查制度的负责人不能保证永久担任该职务。政策与经验体系在以下情形中不可能具有持续性：首先是任职期限较短或者任职风险较高；其次是人事任免事宜取决于政治争斗的结果；最后是这种 181

人事任免受到政治地理范围的限制。

美国拓荒者关于“通才”理念的残余在这里继续兴风作浪。在工作岗位交替轮换而且并未就刑事法律的实施进行充分准备的情况下，人们期望现代城市中的官员及其下属能够即刻完成高度专业化的任务。在经常极度缺乏科学培训的情况下，人们必然要依靠各类庸医和江湖骗子；人们根本不了解有哪些符合科学规律的刑事侦查措施可供利用；尤其说不过去的是，人们竟然对刑事诉讼时效及证据方面的法律要求也一无所知，以致经常是事倍功半。操纵侦查机制的人们与其他人应当对侦查机制的功能进行智能化研究，但这里并未进行这方面的准备工作。

在侦查机制运转过程中，当政治后果所涉人员众多的时候，政治事务将给它带来沉重的负担，因为它经常阻碍侦查机制发挥正常作用。此外，源自于上世纪而在当今仍然运行的刑事侦查体制具有协调性欠缺与责任不清的特征，这使得它很难或者不可能让每个人都获得满意的结果，因为监督体制的不到位及职权分散，它在平时工作中呈现出一种敷衍了事的趋向。当整体考虑以上种种现象以及针对轻微违法行为行使不受任何限制的自由裁量权所产
182 生的责任（每一位警员必须在当时情形下承担该责任）与将违反行政规章的行为视为犯罪而产生的责任时，美国现存社会体制的整体运行状况却足以担当起维护一般意义上生命权、健康权与财产权安全的重任。事实上，这的确值得让人深思。

美国拓荒者关于分权、责任分散以及“通才”等种种理念对美国诉讼体制的危害尤为严重。地方检察官（州检察官或者检察官——在不同法院系统称呼不同）集刑事侦查员（差不多相当于验

尸官、郡县治安官或者警察)、普通法意义上的检察总长(拥有是否继续私人控诉程序的自由裁量权)、首席法务官(负责审理案件的准备事宜)以及出庭律师(参与法庭案件审理)等职能于一身。在现代城市中,这种职能的多样化需要高度组织化的职位、终身任职的职位、智能化的劳动分工、明确的责任分配以及高效的卷宗管理制度。在美国任何一个大城市中,人们如果想了解导致当今美国刑事司法制度效率低下重要因素的话,只需要将高度组织化或没有任何组织性可言的普通检察官职位与高度组织化或没有任何组织性可言的公共服务公司的普通法律部门(这样的公司所经手的重大诉讼案件数量恰好适中)进行比较。在许多大都市中心,地方检察官的职位设置仍然沿袭着旧时乡村律师事务所的做法。相对而言,乡村法院几乎没有审理过几件刑事案件,即使在法院定期开 183
庭、中间间隔时间很长的情况下。然而,大多数从事民商诉讼业务极其普通的律师事务所均是根据面向现代社会的方式加以组织的。该地区法院的审理工作日程表也安排得非常紧凑,并且始终处于不间断开庭的状态。为满足不断增长业务量需求,通常方式就是增加助理人员的数量,如若有效胜任诸如此类的职位必须满足制度化与体系化的要求,这个职位必须由中央机关负责,即使它具有一定灵活性,它也必须拥有永久性的体制与至少在一定程度上摆脱政治并终身任职的人员。在此,这里应当存在智能化的案件隔离机制以及数量众多的助理人员。

毫无疑问,导致当前美国刑事诉讼问题丛生的根源在于检察官的职务与政治密切相关。美国城市中地方政治集团明争暗斗的原动力主要在于精心筹划或利用他人的不道德行为,以及精心筹划或利用他人的违法行为。公诉人的职位是政治集团钩心斗角最大的战利品，当选的检察官任期相对比较短，而他的助手则是出于政治考虑而加以任命的，任期同样很短，他们的命运直接掌握在这些政治集团的手中。如果检察官雄心勃勃，想干一番事业的话，那么他就会认为这个职位是他进入国会或者担任州长的绊脚石。这不是意味着他必须争取高效率地完成任务，而是意味着他必须引
184 人注目地完成任务。政治意义上的"准备起诉"与作为检察官日常高效的诉讼行为之间并不存在必然联系。例如，检察官发表的陈述表明每年足有成千上万的人被判决有罪，但是百分之九十以上的"有罪判决"是在"辩诉交易"日所作出的有罪答辩，而有罪答辩人也保证获得意料之中的减刑。这恰似以一种最廉价方式逃脱了法律制裁，在效果上等同于允许违法。名声远扬的政治重要性与得罪政治上支持己方那些人（这些人是他在政治舞台上飞黄腾达的靠山）的风险使得他们采取对日常工作敷衍了事的态度和在一些轰动性案件中作秀的处理手法。

追诉机制不具有系统性与体系化，检察官的履职缺乏连续性。检察官作为与否和其中缘由说明均缺乏充分的制约措施，诉讼体制究竟在何种程度上实现了目标？在哪些方面还没有取得成功？在哪些方面是如何失败的以及失败的原因在哪里？迄今为止，人们尚未对此展开充分的持续性研究，以上种种现象使得刑事诉讼对于政治的依附更加严重。总体而言，无论州追诉机制还是地方追诉机制都缺乏有效的最高首脑，职权分散，责任界限不清。这使得追诉机制被深谙权术的专业辩护律师玩弄于股掌之间。检察官的人事安排缺乏连续性，相关领域的经验传承也缺乏连续性。所有这一

切与专业辩护律师形成鲜明的对比，专业辩护律师的优势在于将经验在助理人员与主要辩护人中间进行迅速传播。出于其他的理由，假如美国政治制度规定州检察官将进行定期选举（虽然这种做法无 185
论如何都值得商榷），这就清楚表明公务机关编制的高度永久化与行政机关永久雇员的最小化两者之间可以相互补充。一个人只需要留意一下那些在合众国司法部工作并且数量较少的资深检察官，就可以发现通过正常程序遴选永久雇员的可能性是存在的。

在美国拓荒时期，政治责任对于检察官而言是一种正常意义的制约手段。在那时的美国，备审案件数量很少，许多具有代表性的公民能够参与所有案件的审理，每个人对检察官的一举一动、行事方式以及其中缘由均了如指掌，政治责任使得他不敢越雷池一步。如今，政治事务已成为一种不正当的制约手段，使检察官不能做其应做之事。除极为罕见的政治动乱间歇期间，刑事诉讼所承受的政治压力都是一件危害社会的武器，而不是一面保护每一位无辜公民免遭伤害的盾牌。

在从事具体刑事诉讼活动的过程中，无论是针对一般案件还是具体案件，检察官既可以参与刑事侦查，也可以不参与刑事侦查，法律并未明确规定检察官具有这方面的职责。与以往一样，法律也并未明确规定郡县治安官或者警察和检察官之间的职能分工。当一件骇人听闻的犯罪发生后，验尸官、警察与地方检察官可能各自拥有沽名钓誉或者包装宣传的门道，深谙政治权术的人们懂得利用一切可能性用于包装宣传。于是这些可能性便成为刑事 186
侦查过程中的决定性因素。根据美国法律体制的相关规定，检察官行事举步维艰，"获得预期结果"的需求使检察官倍感压力，这迫使他不得不诉诸“刑讯逼供”的方式，不得不诉诸“隐匿证据”的方式，不得不诉诸“恐吓证人”的方式。与此同时，检察官通常不得不采取“执法的不法”方式，而这种方式导致法律陷入被藐视的恶性循环。当诉讼案件不存在任何资以宣传造势的可能性时，他们很可能采取敷衍了事与懒散消极的工作态度，对由此导致的效率低下却无任何应对措施。

许多最为棘手的问题均与刑事诉讼密切相关，其中一个就是如何对待保释制度的问题，它对于无辜者而言非常重要。同时，该制度被滥用的可能性也非常大，如果它被具有政治后台的犯罪组织控制的话。不可否认的是，来自政治层面的压力使得最完美的书面改良计划在付诸实施时也大打折扣，面对来自政客、担保公司与职业保证人所施加的种种压力，使得任何制度在实施过程中呈现出过于松弛的状况。在这一期间内，所有政府官员均不敢对国民的不满等闲视之，而每隔一段时间就会实施的严打运动所导致的不利后果通常由正义的一方承担。

在刑事诉讼的整个过程中，人们出于政治的迫切需要，极力主张利用各种机会宣传造势，而这样做的代价是效率。同时，体系化的缺失、集中责任监督制度的缺位与案卷制度的缺位对于减刑机制的利用具有极大的诱惑力，这一点与法院正规的案卷制度形成鲜明对比。刑事诉讼程序涉及很多的减刑机制，这些减刑机制是
187 作为掩盖事实或者“推卸责任”的手段而存在的。大陪审团早已成为一个形同虚设的机构，但是在面临来自政治层面的压力时，大陪审团通过驳回起诉的方式将案件驳回。每一年被起诉案件的数量如此之多，远远超出了法院庭审能力的范围，故普通法赋予了原告

随时无条件撤诉的权力，这本应成为遴选被起诉案件的一种手段，但也迅速沦为政客们所利用的伎俩。本来，这是社会对私人控诉制度的一种制约措施，现在它已成为一种需要制约的权力，而不是一种制约权力的措施。结果，美国若干州所制定的法定制约措施已经形同虚设，几乎没有发挥任何作用。

此外，在审理诉讼案件的过程中，要求“记入笔录”的欲望经常占据上风，这是以牺牲效率作为代价，同时是对法律所保障的合法利益的漠视。人们看到检察官在抓捕犯罪嫌疑人的过程中总是一马当先，同时也是他们提出重新审判的要求，可恶之处在于重新审判是由上一级法院负责，而不是由更为熟悉案情的检察官负责。公诉人因重新审判而导致严重渎职的数量具有重要的意义，这些可以在美国过去二十多年里所编纂的判例汇编中找到。人们必须回溯到17世纪罗利[1]受审的时代，或者回溯到17世纪杰弗里斯主导刑事诉讼的时代，目的是发现与侮辱或藐视法庭礼仪相类似的情形，这些隐患成为美国刑事诉讼的本质问题。只要公诉人面临作秀表演并借此成为众人关注焦点的强烈诱惑，再多的公设辩护人[2]也无济于事。同一公诉人在审判过程中表现出过度的热情，而他在案件被呈送给上诉法院前却表现出一种马虎敷衍的态 188
度，此时在没有新闻记者在场的情况下，公诉人才将其心目中的

① 沃尔特·罗利爵士(Sir Walter Raleigh)，英国著名探险家、作家、诗人、军人及政治家。后罗利遭人诬陷下狱，终被处死。其代表性著作有《世界史》。

② 公设辩护人制度是美国刑事法律援助的主要实施机制。公设辩护人主要以公设辩护人办公室为依托，经法院指定或政府机构聘用的律师，其主要工作是为刑事案件中的贫困犯罪嫌疑人、被告人进行辩护。美国联邦和绝大多数州都设有公设辩护人。

"国民"责任真实地展示出来。人们只需将同一公诉人两种截然不同的态度进行比较，就会明白是怎么一回事。作为例外情况，无论什么地方均存在着令人肃然起敬的公诉人，然而，在美国所秉承的刑事法律及刑事诉讼程序严重干扰其行动计划的情况下，即使是最出类拔萃的公诉人也很可能落入一项坏制度所设下的骗局。

任何改良美国刑事司法的计划必须寻求将刑事诉讼与政治相隔离的途径，必须寻求使每个州的检察官集中在类似检察长的领导下开展工作的途径。检察长的任期必须得到保证，职责单一并且任务明晰；必须尝试在每个州设立类似司法部的机构；努力研究刑事司法制度的运行原理；找出它取得了哪些成就；它在哪些方面失败的，它是如何失败的以及失败原因在哪里；同时还要研究如何使它更加有效运行。

与美国司法体制在18世纪与19世纪前半叶的处境相比，美国法院在当前所面临的处境可以说是天壤之别。那时的形势需要美国司法体制实行分权制，正如当前的形势需要美国司法体制实现体系化与一体化。1873年，英国对司法体制进行了全面重组，并在一体化的道路上取得了重大进步。美国已经就联邦法院系统一体化付出了许多心血。若干为数不多的州已经小心翼翼地开始了向一体化方向的转变；还有若干为数不多的州从一开始针对初审法院开始了向某种程度的一体化方向的转变，或者说至少是向
189 潜在的一体化方向的转变。另一方面，标准的美国司法体制一般是由等级森严的不同法院构成，其中包括细致复杂的移送程序（将案件从一个法院移送至另一个法院）与烦琐复杂的上诉制度。伴随整个过程的是司法权、时间与金钱的浪费。刑事司法制度与初

审法院之间具有密切的联系，故人们必须对初审法院进行特别深思。人们发现，初审法院通常存在管辖权重叠、权限不清与责任分散等种种问题，这些都是拓荒时期制度的典型特征。成倍增加法官的数量与临时拼凑的调整措施成为应对所有问题的主要途径，而这些问题的解决本来是需要通过彻底改造的途径加以解决的。在尚未实现法院系统一体化的前提下，大幅增加法官数量使得所有拥有一般管辖权的法院难以成为一个组织严密与业务方法体系化的实体，充其量是一堆经过整合的法院。这里既不存在对此负责的领导人，也不存在事先经过深思熟虑后所制定的政策。如同还停留在从前拓荒时期一样，似乎诉讼程序所牵涉的工作量不大；似乎对诉讼程序所涉及的人与物均了如指掌，将整个社会有关这些人与物的常识奉为圭臬，即使这些常识源自于上世纪中叶大市镇或者小城市。

几乎与实现全国司法体制一体化同样重要的是对简易诉讼程序进行充分的法律规定。正是在简易诉讼程序中，刑事司法直接关系到最大多数人的利益；也正是在简易诉讼程序中，警员在行使 190
自由裁量权时的武断专横与基层司法官员在提起刑事诉讼时的敷衍了事很可能使众多城市居民对法律的体会更加深刻。在政治压力的调和之下，城市居民有可能接受有关美国制度精神的说教，也可能被迫接受法律是一种有效保护他们自身利益的强制力的说教。许多美国大城市的联邦法院处理了大量因违反禁酒令而提起的诉讼案件。诸如此类的事实对法律秩序的伤害极其严重。这种情况是不可避免的，原因是这些法院及其业务范围均已安排得井然有序，即使在美国某些大城市中，现代市政法院的运行状况与法庭礼仪通常都沿袭着旧时小镇违警法院的做法。在当时，违警治安法官[1]对小镇上酗酒如命的人几乎了如指掌，其熟悉程度不亚于这个酒鬼的左邻右舍，在案件知情人作证的前提下，他们在无须核实相关情况下便可马上对哈克·费恩父亲的案件进行裁决。相比之下，农村基层司法官员的处理方式却显得不得其所，他们本人对法院与社区居民的情况一无所知，而这些是他们作为审理案件的前提条件，如果对此不加以制约的话，那么真正作奸犯科之人则可能有很多时机用于施加种种不当影响，而偶犯根本无法对此加以左右，其结果是有可能陷入使自身受到无法弥补伤害的危险境地。审判的外界环境非常恶劣，审判过程非常混乱，法庭礼仪缺位，案件裁决非常仓促，毫无任何威严可言。在几乎所有的美国城市中，屡见不鲜的是在刑事法院简易裁判程序运行的背后，有一种
191 势力在兴风作浪。以上种种现象使得守法者普遍对整个执法过程产生深深的怀疑，即使这种怀疑纯属杞人忧天，它也对法律公正的形象构成严重损害。

人们非常有必要反思美国制定的有关法官人事安排、任职期限与遴选模式等方面的制度。法官主要通过普选制方式直接产生，其目的是出于吸引国民注意力，保证重新当选，这导致美国法院具有典型的“司法巴纳姆效应”特征。在上世纪中叶，法官是通过选举方式产生的，律师也可以成为该司法辖区的法官候选人，事业有成的年轻律师也可以通过选举成为该城镇的违警治安法官，

① 违警治安法官是一种级别较低的司法官员，主要管辖轻微犯罪行为、违反治安条例的行为以及类似的违法行为。

所有人能够或者可能确实了解某些律师的品行与资历,因为这些律师平时比较引人注目。越多的公民参与投票,所做出的抉择也就越明智。但当今的普通市民仅仅通过报纸就能够对法官与律师有所了解,名字频繁出现在报纸上的那些人绝对不是最出类拔萃的,结果很可能是参与投票的公民人数越多,所做出的抉择也愈加不明智。鉴于该职位被卷入目前城市种种负面事件旋涡中,那些最有资格胜任该职位的人很有可能退出了候选人行列。

总的来看,在美国所有制度中,司法制度的功绩最为突出,这句话怎么说也不过分,或者怎么强调也不过分。这一切大多要归功于以往的惯例,这种惯例在面对美国城市扩张这一不利的处境 192
下已开始呈现出消亡的势头。在上世纪特威德[①]作为城市老板[②]期间,腐败达到历史上最为严重的地步,人们恰如其分地将其视为一种极为罕见的现象,可是在目前不止一个大城市的治安法院甚

① 威廉·M.特威德(William M. Tweed),前纽约市议员和国会议员,美国政治组织坦慕尼协会(Tammany Hall)的老板。19世纪70年代初,纽约州和纽约市的议会选举处于该协会的控制下,它所垄断的市政职位多达四万个。在他担任纽约市长期间,纽约市的腐败达到了顶峰。人们普遍认为特威德利用各种手段贪污了两亿美元。后来特威德受到起诉,锒铛入狱,最终于1878年在狱中去世。

② "城市老板"是美国城市化发展进程中的特殊群体。他们的兴起和存在的社会背景是美国正处于从农业社会向工业社会过渡的转型时期,同时随着大量新移民的涌入,美国社会各种矛盾凸显。为适应当时的社会需要,加之其本身也具备处理当时城市社会问题的能力,城市老板作为社会的中间纽带应运而生。城市老板在政治家、利益集团和选民之间起着桥梁作用,其主要职责是为政党候选人筹措竞选经费,代为征集、收买选票,甚至直接出马操纵竞选,并在选举胜利后主导政府职位分配或用政府掌握的经济利益和好处来犒劳追随者。他们依靠政党和选区选举制、移民的支持以及高效率的基层组织活动控制选票,在市议会等重要位置上安排自己的候选人当选,从而控制整个市政府。政党核心集团严格要求部属对"老板"和团体的绝对忠诚,而"老板"则牵涉众多利益关系,隐身幕后,通过组建的政党核心集团控制城市。

至是刑事初审法院也出现了类似现象。更为糟糕的是，大都市中的选任法官在通常情况下具有以下特点：才能平庸无奇；做事瞻前顾后；在各种政治压力与政治势力面前趋炎附势、见风使舵。这使得人们不得不怀疑其中是否存在腐败，实际上，这种腐败是根本不存在的。法官队伍中的法官既有善于宣传造势的法官与极具表演天赋的法官，也有审判过程中“好好先生”式的法官；同时也有迎合各种集团与社会的需要，抑或与形形色色的种族组织、宗教团体与同业公会打成一片的法官。这些人与司法体制的效率低下具有重大干系。诸如此类的法官几乎不为联邦法院所知晓，尽管联邦法官的任命建立在政治基础上，同时参议院在联邦法官的任命事宜上正在努力推行由其准予的做法。尽管在一般意义上说，美国这些反面例子具有传染效应，但是对于许多仍然拥有普通法传统意义上的独立法庭的法院而言，这些反面例子还鲜为人知。在当前，再没有比大城市更为需要完全意义上的独立法庭。如果刑事诉讼与政治的脱离势在必行的话，那么法官也必须与政治相脱离。法官终身任职制为美国造就了许多伟大的法官，这些人在创制美国法方面做出了巨大贡献。如果法官终身任职制无法重新恢复的话，那么人们必须学会运用提名与遴选体制，以便批准所做出的选择结果。当选者应当不属于任何政治阵营，并且有能力胜任该职
193 位。此外，他的任期必须得到相应的保证。有种种迹象表明，不止一个州在面对来自经济秩序的压力时也开始采用类似的做法。

在 19 世纪最后 25 年里，除典型农村地区的法院外，这种形成于拓荒时期的美国律师职业管理体制愈发明显不能胜任本身工作。在本世纪，都市化是导致美国刑事司法制度存在大量缺陷的

主要原因。大城市的刑事法院经常得不到称职检察官与辩护律师的正常协助，法庭辩论标准、起诉与辩护等准备工作的标准经常含混不清，有时甚至具有负面作用。鉴于人们似乎对所发生的一切均持容忍立场，国民便对法律及其实施产生了误解，除非他们在执业律师的引领下不可避免地与法院发生接触。

即使当英国对律师执业行为的要求相对不怎样严格的时候，高级律师职业阶层已经通过出庭律师公会[1]制定了与律师执业有关的品行标准。上世纪，低级律师职业阶层涌现出一批诸如就职于艾勒比议会的桑普森·布拉斯(Sampson Brass)与凯莱布·夸克(Caleb Quirk)为代表的人物，这些典范人物在当今美国城市中也是家喻户晓。事务律师在19世纪也建立了自己的管理体制。随着特许成立的事务律师协会[2]以及类似机构的建立，低级律师职业阶层也达到了很高的发展水平。律师协会形成于19世纪最
后25年，到本世纪时就已经取得了令人瞩目的成就。美国的情况 194
也是如此。美国的许多州已经特许成立了律师职业协会，加入这类协会并成为该协会成员的行为纯属于自愿行为。不过，最亟需约束措施的那些州却并未成立此类协会，故不适宜授予律师这类协会的会员资格，而这种会员资格恰恰能够提供其所需要的约束措施。目前，全国律师职业管理体制一体化运动才刚刚开始。只

① 出庭律师公会泛指各自治性的、自愿组合的非法人的出庭律师社团。出庭律师公会是一个集律师职业培训、同业纪律训诫与行业资格授予等功能于一体的行业公会式的组织。

② 特许成立的事务律师协会是继预备律师公会之后出现的一种律师管理组织，其职能是执行有关见习律师的法院命令；保管律师名单；定时为准许入会者发放证书；对从事律师行使监察权，以及向法官提交有关渎职案件等。

有经过这些实践后，一支真正意义上并与当前情形相适应的律师职业队伍才能很快诞生，每位律师对律师职业的热爱是发自肺腑的，并且只对自己的良心负责。在当前形势下，人们却发现数以千计或者数以百计的律师仅以赚钱为最终目的。在本世纪，大多数法院在州最高法院支持下采取了统一授予会员资格的做法。这是朝着正确的方向迈出的一步。这仅是一个小小的开端。

在美国，律师职业管理体制从来不存在任何制约措施。自从与律师前期培训与职业培训相关的制约措施制定出台后，情况便发生了翻天覆地的变化。在美国拓荒时期，律师以学徒的身份在律师事务所进行实习，当他正式成为一位律师的时候，那些替其向律师同僚作出担保的人们非常熟悉他的底细。然而，除了旧时乡村地区律师事务所外，真正意义上的学徒式培训制度在很久以前就不复存在了。目前，许多从事律师职业的人接受的是学校教育。在当时的经济秩序下，这种转变是不可避免的，并且这种转变实现的可能性非常大。不幸的是，这里还存在各种五花八门的法律学校，从大学法学院到以赚钱为目的的学校不一而论。大学法学院获得大量捐助，教学设施齐全，同时大学法学院的入学标准非常严
195 格，毕业条件也相当苛刻，而以赚钱为目的的学校按照私人企业的方式进行运作，几乎没有任何教学设施，录取标准纯粹是有名无实，培训的唯一目标就是通过地方律师考试。美国高级律师职业阶层的构成人员至少接受了严格的培训，这一点同世界其他国家相同。不过，美国城市还存在着低级律师职业阶层，其构成人员不仅数量可观，并且其数量仍在不断增长。这些人并没有接受过任何教育或者接受的教育比较少，通常稍微懂得一些或者根本不理

解法言法语，也根本不了解美国法律制度的历史背景，只是肤浅地在夜校接受了与拇指规则相关诉讼程序的培训。这些对于刑事司法而言具有重要意义，这种意义在克利夫兰的此次调查活动中被揭示得淋漓尽致。那些外出在刑事法院实习的夜校学生将三分之一的时间用于学习刑事法律，该州有三所大学法学院对那些主要在民事法庭实习的学生也提出相同的要求。除重大案件外，刑事法院的审判业务几乎被这些低级律师职业阶层的构成人员所掌控。这种做法导致了很多种后果，其中一种后果就是普通法意义上的减刑机制在现实中没有发挥出任何效用。此处的减刑机制指的是制约措施，它本来需要发挥相应的制约作用，可是它没有发挥出任何作用。

针对律师的司法训诫措施并不具备自我运行的功能，它必须被援引使用。在一个偏僻的地方，律师界中的每一个人非常熟悉其他人，对其所作所为也是了如指掌。这种情况足以对律师起到训诫作用，只有在极为罕见的情况下才用得上正规意义上的训诫措施。每个城市中执业律师的数量十分庞大，作为律师界的领袖可能熟悉的仅仅是一小部分同行律师，更不用说充分了解所有执 196
业律师行径的相关信息。在许多地方，律师协会的劳资协调委员会，作为热心公益精神的体现，一直致力于训诫措施的启动工作，并且很多地方的工作均完成得非常出色。然而，这项工作却不得人心，并且耗时费力，同时，这里也没有使这项工作保持高效运行的专门负责人。对于每个人都有权负责的事务，容易最后成为无人负责的事务，审判准则的制约作用被弱化到毫无任何效率可言的地步。

就律师巡回组织之间的日常交往与平时出庭辩护的制约措施

而言，情况更是如此。随着现代出行方式的出现，律师巡回服务制度已经不复存在，许多最出类拔萃的律师从不出庭辩护，更多的律师只是在极为特殊的情况下才出庭辩护。常业型执业律师在刑事案件中并不能发挥制约作用，这里需要其他制约措施。有些制约措施左右着过去律师协会中那些经常进出法院的律师以及这些律师与法官之间的关系，但当前的执业环境已经使得这些制约措施基本上过时。在普通法上，律师对于法院而言是一种制约，同时法院对于律师而言也是一种制约。令人感到不满的是，在大城市中，这两种相应的制约措施再也不能发挥出较大的作用。人们必须发展新的制约措施，这明显要依靠每个州的若干律师职业管理机构来推进这项工作。另外，所有从事律师职业的人还必须接受高等教育，无论是通识教育还是专业教育，所有从事律师职业的人的执业行为均由明确的机关集中负责管理。

19 世纪的美国引领着刑罚制度的发展潮流。19 世纪也是美
197 国刑罚制度领域的发明天才将其中某些最优秀的研究成果开始投入使用的时期。令人遗憾的是，19 世纪也是美国向以工业为主的都市社会的转型时期，这给刑事司法造成了沉重负担。在这些新制度被设计出之前，在它们能够与美国陈旧过时的体制融为一体之前，在它们得到全国法官正确的评价之前，在大批专家接受专业教育而使它们发挥作用之前，国民对美国城市中刑事司法效率明显低下的现状感到极为不满，开始将整个现存社会体制的所有不良表现归咎于这些创新。毫无疑问，这些新制度在运行过程中存在权力滥用现象，相应的实施准备工作也经常不到位。尽管工作人员与设施严重不足，尽管许多法院存在深受政治影响的缺陷，尽

管常规方法与违反规程的惯常程序有着千丝万缕的联系,尽管它招致严重的怀疑并因此妨碍了它的正常运行,但美国的缓刑制度以及类似制度是美国刑事司法制度中最为典型的优良制度之一。

当前,美国刑罚制度面临着特别困难的处境:因为时代要求刑罚个别化,而美国传统法律的精神则要求刑罚一般化;因为继承于上世纪的种种美国理念具有典型人文主义与强调个体生活的特征,而时代则要求人们更多关注普遍安全;因为当人们一度需要对新制定的刑罚措施用于实践与尝试时,国民曾经害怕刑罚手段将
变得十分宽松;因为都市生活环境与大量新出现的犯罪使得刑罚 198
执行机关将全部精力用于应对前所未有的犯罪类型,这些犯罪类型是美国传统刑罚方法所不能有效应对的。新的刑罚方法使刑罚丧失了威慑效应,正因为如此,新的刑罚方法受到了人们的冷嘲热讽,虽然经过充分的探讨,但这个主题本身仍需要更为充分的阐述。但就前景而言,刑罚制度比美国刑事司法制度的其他方面更加充满希望。关于这一点,人们已经说得够多了,人们在这个领域里还不怎么墨守成规。一批学者已经成长起来,他们充分了解困扰刑罚制度的问题、历史与现状。与其他领域相比,人们在该领域受到来自美国拓荒时期传统与制度的阻力最小,刑罚制度很可能继续成为在美国刑事法律及其实施层面上取得进展的典型。

改良计划面临的障碍

在律师协会所编纂的判例汇编中,当人们读到有关案件讨论的内容时,只能感受到改良计划面临的主要障碍在于民主传统,在

于那些人们只能断言为与民主主义有关的错误理念。所有鸡毛蒜皮问题的解决均采取付诸政治的途径,所有人与其他所有情况均服从于政治压力,这些都是传统美国理想的体现。另一方面,难道它们不是美国拓荒时期的理想而必然是民主主义的理想吗?是否一定要求都市的工业民主与乡村的农业民主拥有完全一致的政治
199 体制?无疑,"对无能之辈的狂热崇拜"是由民主政体衍生的并令人感到不满的副产品,但经济秩序的压力正强迫着民众遴选更加优秀的律师与更加出色的官吏。人们对法官及非专业的基层司法官员抱有不信任的态度,陪审团所拥有的权力过大,从事律师职业的人未接受过教育,管理杂乱无章,具有明显的去职业化特点。以上种种被人们极力主张为民主主义的特征,它们明显不适应当前司法的要求,被假定为民主主义的这些特征被指望着有助于弥补这方面的缺陷。所有使美国司法高效运行的建议均遭到竭尽所能的抵制,同时还总是打着为平民百姓着想或为生活贫困并且遭受压迫的民众伸张正义的旗号。但这些制度属于拓荒时期制度的范畴,未必属于民主制度的范畴,这里并不存在民主制度效率理应低下的内在根据。在转型时期,贵族制度或者专制制度也是因效率低下而广为人知,拓荒时期的制度是民主制度,但这不能推导出民主制度一定是拓荒时期的制度。此外,人们一般必须容忍司法效率低下的情形。在大型企业工作的法律事务人员隶属于严密的组织管理体系。同普通人相比较,这样的大型企业更能较好地维护其自身利益。生活贫困并且饱受欺压的百姓则很可能遇见不学无术或不择手段的执业律师,若果真如此的话,那么他们的处境并不能得到任何改善。美国城市中的法律援助协会提供了这种意味深

长的内情。如果民主意味着对大多数人利益的关注，那么美国城市中的基层法院还远没达到它的要求。人们若要学会管理都市化时代的美国，那么他必须根据所面临的问题而随时调整相关对策。200
美国拓荒时期已一去不复返，人们也不能期待继续沿袭仅仅适用于那个时代的统治方法。

另一个障碍可以在美国新闻舆论对待刑事侦查、起诉与审判的态度中发现它的踪迹，这一点同样可以开诚布公地讲。无疑，那些侦查人员与检察官，有时甚至包括法官，都渴望外界能够不遗余力地对其进行持续性的宣传报道，人们不能对这种欲望视而不见。只有轰动性的新闻才蕴含着巨大的商业价值，这就奠定了新闻报道的幕后基调就是必须引起国民的关注。因此，人们毫不在意个人权利被侵犯的问题。关于这一点，人们在比较英美两国有关诽谤罪后果的规定后便可得出结论，人们借助报纸围绕悬而未决的案件展开激烈的讨论，这使得人们更加忽略了这其中所涉及的公共利益。美国新闻舆论坚决要求开辟报纸专栏用于案件的讨论。如果在英国的话，那么美国报纸平日司空见惯的做法将立刻招致相应的惩罚措施，其目的是防止犯罪引起普遍关注，人们在蒂贝茨案中不难发现这一点。美国新闻舆论的做法加大了当事人获得公平审判的难度，也较好地解释了召集陪审团耗时太久的原因，因为陪审团的召集经常受到来自各方的批评。人们在比较英美两国刑事审判制度的时候，必须牢牢记住这一点。

英国新闻舆论关于审判的报道非常精确，并且经常站在专家立场进行报道，而美国新闻舆论关于审判的报道显得非常轻率，煽情意味十足。此外，美国新闻舆论经常无视法律规定的存在，在这

一点上，英美两国新闻舆论之间存在着巨大差异，人们也同样必须
201 牢牢记住这一点。总的来看，报纸对犯罪事件的过分强调也是以牺牲诉讼程序作为代价的。就这一点而言，英美两国倒是完全一致。报纸详细报道了律师之间的种种冲突；可能引人发笑的部分证言；律师与证人之间的唇枪舌剑等类似事件。当然，这种报道只是概略意义上的素描，而且经常是夸张讽刺的描述，而不是客观如实的报道。这种报道将审判作为某种意义上的表演，而忽略了审判的本来功能。这使得通过选举产生的法官与检察官倍感压力，他们不得不置效率而不顾，将精力用于为新闻报道的头版头条提供素材。司法的高效运行需要国民能够理解并且赞成法庭审判过程中所发生的一切。事实上，美国刑事审判制度要比普通新闻报道中的刑事审判制度要好得多，如果人们欲使美国刑事司法运行效率更高的话，那就必须对新闻报道的方式进行重大变革。

大多数州的立法体制是改良计划在实施过程中所面临的第三个障碍，这个障碍由来已久。这种体制肇始于以农业为主的乡村时代，并在某些地区中占据着决定性优势，而这些地区虽然具有悠久的历史，但其存在条件早已过时。刑事司法所面临的困难主要存在于城市或者与大都市相关的地区，但就大城市旨在打击犯罪的主要需求而言，它必须依赖于州立法机关的积极作为或者甚至依赖于州宪法的修正。最后，所有的州可以做联邦宪法所允许的任何事情，所有的州立法机关可以做联邦宪法与州宪法所允许的
202 任何事情，城市仅可以在州所授权的范围内行事，尽管这在当前社会和经济生活中是一种司空见惯的情况。但是，拓荒时期的政府在法律上却将其规定为极其异常现象。为使旨在使那些为昔日情

形所设计的各种制度适应当前城市日新月异的发展形势，城市必须引导那些实际生活在昔日社会环境下人们的行为。对这些人而言，形成于上世纪乡村社会的那一套方法与手段似乎非常管用，这归功于律师与生俱来的保守主义，在很大程度上归功于最出类拔萃的乡村律师。乡村律师不是不具备这方面的能力就是对此不感兴趣，比如说如何正确评价大城市自身的法律问题与管理问题。在这些大城市中，大多数律师缺乏法律方面的培训，这些人是根据诉讼规则对法律加以理解的，这便使得上述情况进一步恶化。在美国许多城市中，律师界的领袖早在很久以前就积极投身于改良运动，倒不是律师持有的保守主义立场极大阻碍了改良之路，而是律师赖以生存并正常执业的某种环境。正是律师，进一步增强了立法机关的实力。

美国每一个州都拥有许多大城市，而每一个大城市所面临的问题也各有不同。在每一个这样的州中，数量庞大的农业人口主导着政治权力的行使。为满足城市中刑事司法的需求，适当的准备工作应着手进行，但这是一件极为困难的事情。或许，问题解决的出路在于在整个州的范围内实现统一的司法体制，设立州司法部与全州司法机关指导委员会。此类司法机构的首要职责是保证 203
所有地区的法律制度能够充分发挥功能，同时有权根据目标实现的需要而自行作出适当的调整。在确有必要的情况下，它也可以偶尔提出妥协方案以分别满足城乡需要，在发生变故的时候，它可以在不妨碍基本体制运行的情况下维持城乡之间的平衡。在目前情况下，国家经济生活中的这两种要素一直对对方抱有不信任甚至敌视的态度，这种情况始终阻碍着更为有效地改善犯罪处遇措施的实施。

事实可能证明，19 世纪政治哲学影响的消逝、小型工商业组织所涉及的标准化问题，以及偏爱通过刑事法律的途径对行为进行不必要的严格管制，是另一个严重影响改良工作顺利进行的障碍。某些自我任命并不受法律约束的集团对个人行为，甚至是个人意见与观点进行有组织的干预，这比法定控制的方式更加可憎，也更加不利于落实那些法律书籍所声称的针对个人的法律保护。以上种种一直是美国生活中的典型特征，它在本世纪对于立法与行政的影响日益明显。在美国的某些地区中，这种法外审查制度正在把自身作为一种行政手段加以利用，它至少正在逐渐成为一种准法律手段。市政当局应当负责消防事宜，防止各种意外事故的发生，保证街道的自由通行与交通安全，这才是其职责所在。现
204 在，市政当局却将精力用于防止人们散发传单，举行公共集会或者游行。人们这样做的目的是倡导某种经济权利观点、社会观点，甚至宗教观点，而这些观点恰巧是市长或者警务处长，再或者警察局长所不能认同的。对于生产加工某种产品负有批准与撤销之责的行政官员而言，法院不得不时刻提醒他们不是审查持证人的个人品行，而是仅仅审查持证人的业务行为是否与所适用的规则相一致。与公共卫生、公共安全与公共道德相关的法律创制权正在对个体生活的所有方面进行干涉。很显然，这种权力正在被滥用，因为这超出了在个体生活与普遍安全之间进行理性调整的范畴。这里有一个绝对不会引起争议的例子，比如二十年前制定的《反吸烟法》，除那些为保证法律创制权不致旁落而坚持要求制定此类条例的集团外，其他人对这类条例并没有太强烈的兴趣。只要刑事法

律还担负着实施此类条例的重任，那么刑事法律肯定会承受着压力，而这种压力将对整个法律体系产生影响。

改良的种种手段

在改良过程中，美国所面临的许多困难远远不是通过正式立法的途径就可以克服的，对于这一点，人们早已洞若观火。这些困难的产生根源可以在美国社会史、政治史以及法律史中找到答案，它还与人们固定下来的心境以及人们对待法律秩序的公认立场有关。这是一个拓荒时期思维模式逐渐消逝的漫长过程，是一个社 205
会生活理念形成与行为典范确立的漫长过程，是一个社会成员之间的关系与以工业为主的都市社会相适应的漫长过程，唯有如此，这些困难才可能被最终克服。在从前，古老的约束手段与法律共同承担着社会控制的任务，但是由于社会与经济状况等原因，它在当前的作用明显弱化，这类约束手段必须增强自身的实力，要不然的话，人们就需要提出新的约束手段。经济秩序曾经一度发展得过快以致法律无法跟上它的步伐，人们必须使经济秩序稳定下来。只有这样，人们才能使伦理习俗趋于稳定，从而确立与刑事司法相关的背景。人们必须重新调整各项政治制度，使其与经济现实相一致；人们必须调整社会心理，调整社会生活使其与新发明相适应；平衡人们之间的需求，所有人也应对自身进行调整使其与助长骚乱的宣传手段、广告与营销方式相适应；人们必须调整自己的信仰与主张，使其与现代科学尚未解决的构想相适应。正如伽利略得出地球不是宇宙中心的结论时，还有达尔文推翻有关人类在自然界中地位的定论时，人们完全有必要对自身作出调整。出于更好融入现代生活格局的需要，那些自发组成的团体，其中包括企业协会、贸易协会、行业协会与共济会等，获得进一步发展的可能性非常大。

诸如此类的发展趋势正在继续。这里有一种力量，这种力量有利于所有人能够更好地了解整个大陆的每一寸土地，有利于所有人能够更好地了解每一个人、每一个集团与每一个阶级；这种力量正在改变着昔日的惯例，并赋予它们新的内容；这种力量正在迅
206 速有效地改变着那些过时的各种偏见与看法。交通变得费用低廉与快捷迅速，比如汽车成为公众的代步工具，收音机成为传播消息的普遍途径，这些使得不同地区之间能够相互比较，从而使得人们对总体情况的某些方面有所了解。这些有利于消除拓荒时期地方偏狭观念，淡化拓荒时期思维模式以及有利于促进统一与协作局面的形成。除此之外，正式的改良手段还必须面对教育以及来自经济秩序的迫切需要而导致的各种压力，以便于对其指点迷津并同时给予指导意见。

究竟人们手头上有哪些正式改良手段以用于改造美国刑事实体法？用于重塑美国刑事诉讼程序？用于改造美国刑事诉讼体制？使美国法院与美国刑罚制度更加高效地实现目标？其中，最重要的改良手段是制定法。

针对立法机关的法律创制进行公开谴责是一件轻而易举的事，针对“频繁出台的法律文件”进行的高声抨击也费不了多少气力。立法机关的法律创制很明显属于法律成熟阶段的立法典范，如果人们只是一味对其百般嘲讽的话，那么人们应当不会忘记在

司法经验主义失败以后，正是制定法解决了工人补偿金的问题。正是出于现代商业的需要，人们不再花费时间坐等缓慢的司法“加减”程序，便可针对许多与生产和销售相关的惯例创制出相应的法律概念。正是因为高功率汽车的存在，人们必须要在马路中间划出界线，标记出安全区，过街人行横道以及车辆转弯处。现代商业 207
的高强度运行要求行为界限必须明确，某些予以允许的行为过程应当事先由制定法规定，而不是事后由法院对争议以判决的形式加以确定。人们必须借助于制定法，但人们必须承认司法实践中的制定法令人非常不满意。

在当前形势下，法律创制需要具备专业知识与专家指导，但人们很难随时获取科学中立且与社会事实背景相关的详细阐述，也很少能够得到可靠中立的指导意见。从各自立场出发，若干组织严密的利益集团精心筹划了种种作秀行为，并以此为要挟不断施加压力。律师协会在解决法律问题方面出力甚多，有时它们的工作还卓有成效，然而，所有将被考虑在内的利益远远不是这些组织所能代表的。从前，人们依靠立法机关所辖司法委员会的律师；现在，这些委员会很可能被证明仅仅起到阻碍作用，它们可能经常受到乡村律师的支配，对不熟悉的提案表示严重怀疑，它们根据组织成员的个别评价，沉溺于对诉讼程序进行细枝末节的修改。在每一个企业及每一种行业有组织的支配下，这种缝补式的法律修改趋势得到进一步的强化。每一个企业、每一种行业与每一个利益集团均拥有自己的立法委员会，它在每一次立法会议期间极力主张批准通过自己所赞成的各种法案，而这些法案的起草基础仅仅着眼于具体的利益组织。因此，在同一会期内所制定的法案并不 208

总是一致。这方面的弊病虽然被加以纠正，但这仅仅是一部分，而且不总是具有连贯性。同时，那些严重缺陷，只要不直接影响此类组织的利益，便可继续维持现状。

最近，情况发生了显著的改观。法案起草专家、立法审裁局、法典委员会与成文法委员会发挥了一定的正面作用，专门委员会也偶尔针对特定领域制定出某些完整且具有内在连贯性的法律。但它们自身总是存在权力滥用的风险，在受到轰动性事件刺激的情况下，它们将立刻启动立法程序并使其成为压倒对方的手段。同时，它们对于非专业人士的“常识”在不加思索的情况下就加以适用的做法也将导致新的困难。立法机关主导下的法律创制具有自身特征，一个典型例子就是发生在上世纪中叶所谓的诉讼程序改革运动，这导致从事律师职业的人多半对制定法抱有偏见。

这里着重强调两点：上世纪中叶，律师职业群体不想就诉讼程序进行任何改革，在他们愤怒的反对浪潮中，立法机关还是着手事无遗漏地规定法庭诉讼行为的细节问题，这明显是一个错误。就行政裁判所的诉讼程序而言，这样的错误绝不会发生在当今这一代人身上，但是，立法机关无时无刻不对审判程序发号施令的陋习
209 很难根除。立法机关制定法律规则的过程具有过于拖沓、复杂低效与孤陋寡闻等特征。它还过于服从来自某些组织的压力，而这些组织仅仅代表着一小部分利益。基于此，人们应使其能够适应当前需要。审判规则的制定，尤其是在司法委员会[①]提供协助的

① 此处的司法委员会属于美国司法改革的常设性机构，主要任务是研究美国司法系统的组织及其运作，同时就司法程序及事务管理提出改良建议。

情况下，是推动诉讼程序向前发展的途径。除此之外，设置一个类似司法部的机构是最为可行的途径，该机构负责研究行动中的法的效力，研究法律在多大程度上成功地实现了预期目标，在何种范围内法律无法发挥作用或者并未实现预期目标。诸如此类的部委在欧洲大陆具有悠久的历史，对于司法的高效运行贡献甚多，在边沁[①]与韦斯特伯里大法官[②]的倡导下，这些机构在全世界英语国家范围内颇受欢迎。最近，霍尔丹大法官[③]竭力主张英国也应采纳设置此类机构的计划。在美国，该计划得到了来自纽约州某委员会的赞同，该委员会具有举足轻重的影响。卡多佐[④]法官也对此表示支持。人们必须放弃美国拓荒时期的信条，即立法机关有能力独自应对现实中所发生的一切，即使有些问题必须由具有专门知识的人加以解决。人们必须设立这种机关或者类似机构，目的是确保对法律效用进行科学、中立及不间断的研究，并在立法者改

---

① 杰里米·边沁(Jeremy Bentham)，英国著名法学家、功利主义法学代表人。边沁终生将主要精力用于从事写作和政治、法律改革工作。其主要代表性著作有《道德和立法原则导论》《政府片论》及《司法证据原理》等。

② 理查德·贝瑟尔，韦斯特伯里第一世男爵(Richard Bethell，1st Baron Westbury)，英国律师、法官及开明政治家。他曾于 1861 年至 1865 年期间担任英国大法官。1852 年，他被授予爵士，并于 1861 年被擢升为贵族。

③ 理查德·伯登·霍尔丹(Richard Burdon Haldane)，英国久负盛名的政治家、律师及哲学家，曾先后担任过陆军大臣及大法官等职务。在担任陆军大臣期间，霍尔丹实施了著名的“霍尔丹改革”。

④ 本杰明·内森·卡多佐(Benjamin Nathan Cardozo)，美国历史上最伟大的法学家之一，社会学法学的代表人物。卡多佐自 21 岁获得律师资格后就一直从事法律实务工作及法学教育，继而又先后担任纽约州最高法院助理法官、纽约州最高法院首席法官及美国联邦最高法院的大法官，是美国历史上当之无愧的伟大人物。其代表作品包括《论司法过程的性质》《法律的生长》及《法律与文学》等。

进法律过程中提供指导意见。

紧跟制定法之后的是法院判决，美国法将法院判决视为一种创设与改良手段。但是，法院判决被处处用来创设与改良法律的活动纯属偶然，而且是在夹缝中发生的，沿着这条主线展开的变革要求制定法的存在。此外，法院判决在实体法领域的效果是最为明显的，就目前而言，这种判决行为对于人们来说几乎毫无用处可
210 言，刑事法律几乎全部是成文法，几乎没有为司法进步预留任何的余地。在对法院予以开放的狭小范围内，法院还受到三个极其不利因素的拖累。首先，目前上诉法院所承受的工作压力非常沉重。在上诉法院改造美国法的过程中，相对于其在古典时代所承担的任务而言，这种压力既是绝对的又是相对的。当前，没有一家法院能够有充足的时间听取诉讼双方详尽无遗的辩论，也不可能像一百年前那样有充足的时间对判决进行反复推敲。那时，斯托里既是位于华盛顿的美国最高法院大法官，又是波士顿巡回审判区的法官。与此同时，他还被哈佛大学任命为戴恩教席法学教授。对现在的法官而言，这三个任务中的任何一个都将耗尽他全部的时间与精力。对包括民事法律与刑事法律在内的所有法律而言，审判工作的重负阻碍着其在司法领域的进步。不过，刑事法律还面临着另外两个困难。作为发展动力的司法经验主义要求法院与出庭律师的共同努力，假如出庭律师并未就案件进行充分辩论时，法院的工作质量很可能就大打折扣。令人遗憾的是，在全国范围内，就办案质量而言，普通刑事案件的出庭律师也并未达到民事案件的出庭律师所要求的标准。更糟糕的是，当人们将刑事法律与民事法律进行比较时，法学典籍与法学著作无法为刑事法律提供有

效的指导意见。在这一点上，刑事法律也同样不能与民事法律相提并论。

人们已经就法学理论与刑事法律从另外一方面进行了探讨。
不幸的是，刑事司法相关法学理论的落后面貌已经由来已久。相 211
对而言，刑事法律受到了罗马法学家的冷落，在古代并未取得像民事法律那样的发展成就而形成某种体系，结果导致现代刑事法律的起点比较低。这种落后的态势在美国著作中尤为明显，人们对高水准刑事法学著作的需求最为迫切，刑事法律也是前景最为黯淡的研究领域。这种情况一直持续到人们开始以极大的热情并运用科学方法投身于刑事法律的研究事业，法学教师、学生、作家与法官也认为刑事法律值得他们像研究民事法律一样竭智尽力地进行研究。对于国民而言，刑事司法有可能继续不尽如人意。

然而，法学从另一方面则带给人们更多的希望。它在本世纪取得了许多明显的成就，其中一个成就就是社会科学的一体化运动，即统一利用经济学、政治学、社会学与社会心理学等研究成果的运动，也是与其他社会科学共享研究方法的运动。这方面的研究正在不止一个领域内开始初见成效，并且获得成功的可能性很大。另一个成就是推动了功能主义研究的发展：既研究行动中的法，也研究书本中的法；既坚决主张司法应借助现实规则而不是抽象意义上的正义规则，坚决主张研究有效法律诉讼的各种时效问题，也坚决主张研究法律规范实现其目的的重要意义。这种类型
的法学可以在刑事法学领域大展身手。法理学最近所经历的两次 212
运动应当被给予适当的指导，使其全力以赴投身于该课题的研究，当然也只有法学院有能力对它们进行指导。美国法学院中的精英

人才应当致力于以下的课题研究，即在不辜负人们期望的前提下，刑事法律怎样才能真正实现对社会利益的保护，能够在多大程度上真正实现对社会利益的保护。他们应当研究在诉讼程序中通过刑事法律的运用能够在多大程度上对这些利益进行保护；他们应当研究如何使刑事法律与及司法行政机构能够各司其职、各尽所能地完成维持刑事司法文明现有水平及进一步推进其发展的任务；研究它们在尽可能最少牺牲与个体生活相关社会利益的情况下应采用何种途径才能最有效地完成任务，人们不应坐等司法部成立后才开始这项工作。大学之所以被要求负责该任务的研究工作，这其中道理如同大学应当负责化学、工程学与医学研究工作的道理一样明白浅显。美国刑事法所面临的处境要求综合运用法学、社会学、心理学及医学的研究成果，对基本问题及其适用进行详细持久的研究，再没有任何其他主体比大学与大学法学院更能胜任这项工作。

改良计划的目标

如果鄙人关于“情境是问题关键”的假设是正确的，即根据农
213 村或小城镇的情况而制定或者设计的制度、原则与律令在大都市条件下无法有效发挥功能，那么各项法律制度与各种调整手段对于具有上世纪美国拓荒时期思维方式与乡村社会生活观念的人们非常行之有效，但这些对于本世纪出生在发达工业社会具有相应思维方式与城市生活观念的人们却毫无作用可言。显而易见，任何改良计划的绝大部分工作不属于律师的工作范围，它们必须由

政治哲学家与社会哲学家负责完成，但此类改良计划中的律师人数必须要占到多数，律师对需要重新改造的材料最为了解，根据哲学与社会科学所绘制的改良路线图，律师必须发现重新改造的具体方式。

无疑，理性遵守全部法律与理性实施全部法律是人们所达到的最高境界。就法律的遵守与实施而言，人们除期望法律能够取得高于平均水平的效果外别无所求，人们的最终目标是法律必须成为一套能够足以保护社会利益并具有高于平均水平保护能力的体系。人们在当时条件下努力实现最终目标的过程中，应该将三个重要目标记在心中，即预防性刑事司法、针对罪犯的个别化处遇、在权衡普遍安全与个体生活过程中重新调整公认的法律理想。

预防性刑事司法在第一次演讲中已经被提及，并就此进行过详细论述。在这一点上，人们完全可以理直气壮地在这里表明立场，即在法律手段与其他社会性手段、法学与其他社会科学、律师 214
与其他社会工作者之间展开一次真正意义上的较量，双方需各自派出一支最能代表己方水平的队伍。此外，人们还需要同样的创新精神与创造性活动，这两者在美国各项制度形成时期的美国人民与美国律师身上表现得淋漓尽致，缓刑制度与少年法院的出现就表明这种创造力并没有完全枯竭。

至于个别化制度的体系化，这是一个法律概念、法治概念而不是人治概念。它需要在现存社会体制下进行。然而，心理学与刑罚学的总体发展趋势表明个别化制度（该制度旨在使刑罚与犯罪人相适应）针对的是危险的犯罪人而不是危险的犯罪行为。在这里，人们重新面临着一个难题，即社会科学工作者、心理学家、医生与律师必须相互协作的问题。事实上，哲学家可能很好地解决这个问题，因为这个问题归根结底是一个涉及社会哲学、法哲学与刑法哲学等领域的基本问题，它也涉及一个复杂社会中劳动分工与机构划分的问题。它与人们在寻求实现个人目标过程中自发表现出的创新精神与自由精神相一致，而创新精神与自由精神是人类不断取得进步的主要源泉。

在刑事法律领域内，这个问题表现为在普遍安全与个人自由之间寻求切实可行的平衡。在这里，律师面临着重塑某些已认可理想的任务，这些理想是在 17 世纪的时候融入普通法的。出于历史原因，人们已经发现普通法不惜以牺牲普遍安全为代价而突出
215 对个体生活的重视，美国拓荒时期的社会条件、经济状况与政治形势使得这种过分强调个体生活的做法得到进一步的强化。就这个本质问题而言，美国全部相关的法律思维机制应彻底加以改造。人们并不是被迫在纯粹个人主义体制，抑或是全权国家体制与集权力与职责于一体的政治组织社会之间进行抉择，这与人们过去的想象截然不同。“个人主义”与“社会主义”等字眼的随意使用混淆了相关美国理念。当前的法学思维必须超越 19 世纪个人主义与 20 世纪马克思社会主义的范畴，正统自然权利立场的个人主义理念与正统马克思社会主义理念均已经过时。人们不再根据个性或者政治组织社会对世间万物进行评价，而是以文明发展程度，或者尽可能最大限度地展示人的本质力量（即达到自发解放个人行为的程度）作为评价标准。当这种思维模式被人们普遍接受时，刑事司法改良之路将更加一帆风顺。

索　　引

（页码为原书页码，请参照正文中边码使用）

A

B

C

D

E

F

G

H

K

M

Q

R

S

T

U

V

W

图书在版编目(CIP)数据

美国刑事司法制度/(美)罗斯科·庞德著;黄涛译.—北京:商务印书馆,2020
ISBN 978-7-100-18738-1

Ⅰ.①美… Ⅱ.①罗… ②黄… Ⅲ.①刑事诉讼—司法制度—研究—美国 Ⅳ.①D971.252

中国版本图书馆 CIP 数据核字(2020)第 131165 号

美国刑事司法制度
〔美〕罗斯科·庞德 著
黄 涛 译
刘艺工 校

商 务 印 书 馆 出 版
(北京王府井大街36号 邮政编码100710)
商 务 印 书 馆 发 行
北京艺辉伊航图文有限公司印刷
ISBN 978-7-100-18738-1

2020年9月第1版 开本 850×1168 1/32
2020年9月北京第1次印刷 印张 7⅛

定价:48.00元